JN026186

翻訳エクササイズ

Mizuhito Kanehara

金原瑞人

English to Japanese Translation Exercise

研究社

翻訳エクササイズ

PRINTED IN JAPAN

まえがき

　調べてみたら、最初の訳書を出したのが 1986 年で、いまは 2021 年。ということは、35 年以上翻訳をしてきたようです。2021 年 7 月現在、訳書が（文庫化された作品も数に入れて）588 冊。2022 年には 600 冊を超えそうです。

　といっても、絵本もあればコミックもあるうえに、そもそも共訳が多い。かなりの作品は金原瑞人訳となっているものの、金原工房訳といったほうがいいかもしれません。

　考えてみれば、いままでずいぶんと贅沢な翻訳をしてきたと思います。たとえば、自分の訳文を多くの場合は、だれかに原文とつきあわせてチェックしてもらっています。誤訳や、ヌケや、日本語の不自然な部分がこれでかなり少なくなります。

　また、面白い作品をみつけたものの、訳そうとしたら、自分にその文体がないということに気づいて、だれかに共訳をお願いする、ということもよくあります。

　その典型的な例が『マクブルームさんの素敵な畑』（Sid Fleischman , *McBroom's Wonderful One-Acre Farm*）です。シド・フライシュマンの書いた子どもむけのほら話なのですが、いくら頑張っても、面白く訳せないのです、これが。原文を読むとすごくおかしいのに、自分の訳文はちっともおかしくない。これには、さすがに困ってしまいました。ちょうどその頃、一般人向けの翻訳講座を持っていて、そこのテキストで使ってみたところ、受講

生のひとりが、これを関西弁で訳してきたのです。それを読んで、「！」。これか、と思いました。シド・フライシュマンの文章が関西弁に近いのかどうかは別として、これなら笑えます。というわけで、この作品、ぼくが訳して、彼女に関西弁に直してもらいました。そして続編の『マクブルームさんのへんてこ動物園』（Here Comes McBroom）は彼女に訳してもらって、それをぼくが原文とつきあわせてチェックして仕上げました（こちらは共訳として出版されています）。この作品、1997年にNHKで放映されました。語りは桂小米朝（五代目桂米團治）でした。

　ほかにも、アメリカのヤングアダルト作家、フランチェスカ・リア・ブロック（Francesca Lia Block）の作品はほとんどが共訳です。この作家を発見したときはうれしくて、よし、訳してやるぞと意気込んでいたのですが、じつにユニークで強烈な個性を持った若者が登場する彼女の作品を訳す文体は自分にはありません。必死に訳したところで、若い人が読めば、「おじさん、頑張ってるのはわかるけどね」といわれそうです。というか、訳してみて、自分でそう思います。昔から無理はしないという姿勢を貫いてきたので、こういうときはブロックの文体を持った人に共訳をお願いします。

　そんなこんなで、いろんなコラボレーションが多く、そのぶん、ほかの人の訳文を読むことも人一倍多いので、一般の翻訳家の方とくらべると、原文と訳文をつきあわせてチェックする機会も多くなります。そしてそのたびに、「なぜ、こんな誤訳をするんだろう」と思ったり、「うまいなあ、この訳文」と思ったりするわけです。

　そういった例をきちんとノートに取っておけば、おそらく翻訳の入門書は10冊くらい書けたはずです。しかし、すべてその場

限りで終わっています。つまり、ほとんど忘れてしまっているのです。ただ、それでも覚えていることはいくつかあります。なぜ覚えているかというと、繰り返しそういう例に出くわしたからか、そのときの印象が強烈だったからでしょう。

　忘れるのが得意な言い訳ではないのですが、忘れるということは、ある意味、記憶するということでもあります。デヴィッド・L・ユーリンの『それでも、読書をやめない理由』（David L. Ulin, *The Lost Art of Reading: Why Books Matter in a Distracted Time*, 井上里訳）に、こんな文章があります。

　実際、記憶とは忘却に置き去りにされた物語だ。過ぎゆく時間に無用の細部をはぎとられ、それでもなお残った本質的な部分が記憶だ。わたしたちは記憶に刻むことで覚える。

　ちょっと大げさではありますが、「こんなに忘れっぽい自分でもよく覚えている翻訳に関する本質的なこと、大切なこと」をまとめたのがこの本です。

　それからもうひとつ、これを書きながら考えたのは、日本語の特徴、日本語の特質でした。それは「英語と日本語の一人称をめぐる冒険」「終助詞の話」「常体と敬体の狭間で」などによく表れていると思います。この３つの章は翻訳講座というよりはエッセイのようなものになっています。実際、図書館の講演などでもよく話します。英語にも翻訳にも興味はないけど、日本語には興味があるという方にも面白いと思います。

　蛇足ですが、「徹底的に調べる」の章でご紹介したエピソードは約20年前のことです。いまならあんなに苦労することはないでしょう。しかし、「調べる」ということに関しては基本は変わ

らないはずです。ご参考までに。

　最後にひとつ。これは、いまのぼくが考えている「翻訳」についての本です。これから先、翻訳観が変わることも、もちろんあるでしょう。というか、変わらないはずはないと思います。原文を大胆に削ったり、巧みに曲げたりして、日本語の作品としての完成度を追求するような流れが出てくるのかもしれません。「確かに誤訳だ。しかし、おれの翻訳のほうが原作よりおもしろい！原作至上主義の翻訳なんて機械翻訳にまかせておけ。これからの翻訳はこれだ！」と豪語する翻訳家が次々に出てくる時代も楽しいような気がします。

　原作は（多くの場合）ひとつですが、翻訳は無数にありえます。そして翻訳とは何かについても無数の考えがあります。すべては、その時代と社会と個人の感性を反映したものだからです。翻訳ソフト、翻訳機械などの発達も視野に入れながら、そんなことも考えてみてください。日本語も英語もまた、ちがってみえてくるかもしれません。

　　　　　　　　　　　　　　　　　　　　　　　著　者

目　次

初級〜中級編

日本語を読んだだけで誤訳とわかる誤訳

　翻訳に誤訳はつきものです。この場合の「誤訳」というのは、I を「ぼく、わたし、あたし……」と訳した段階で誤訳である、というふうなハイレベルの誤訳ではなく、ずっとレベルの低い誤訳。ケアレスミス、原文の意味の取り違い、深読みしすぎたあげくの見当違いの誤訳などのことです。そんなものは、訳者が注意深く訳して、読み直して、原文と何度もつきあわせれば避けられるのではないかというのは素人の浅はかな考えです。機械は壊れるもの、人間は間違えるもの（**To err is human!**）、そう思って間違いありません。

　たとえば入試問題の間違い。大学入試センター試験（**2020** 年度からは大学入学共通テストに後継されました）の問題でさえミスがあります。大学独自の問題となるとミスのない年はありません。某大学の場合、**4** 人 **1** グループで英語の問題を作成、だいたいひとりがひとつの問題を担当して、ほぼ毎週のようにミーティングを重ね、互いに問題をチェックしてほぼ完成させ、それをまったく別のメンバーが実際に問題を解いてみて、不備やミスを指摘、それを手直し後、問題の試し刷り（ゲラ）を作って、出題委員 **4** 人が見直すゲラチェックを三度は繰り返して、できあがります。

それでもミスがあるのが入試問題。入試の当日、受験生が問題を解いているときに、試験官が黒板やホワイトボードに訂正を書くのはおなじみの光景です。

ぼくも30年近く、ほぼ毎年、入試監督をしていますが（多くの大学で入試の監督は教員がやってます）、1日に3科目の試験があって、訂正がまったくなかった日はありません。

こんなに多くの人、それも専門家が何度も目を通して作り上げた入試問題でさえミスがあるのです。ひとりで長い小説を訳して、誤訳のないはずがありません。それも文章が難解だったり、とても専門的なものだったり、昔の古い英語だったりという場合でなく、ごく読みやすい英語の作品でも誤訳はしてしまいます。それも、ほかの人に指摘されると、顔が赤くなるほど恥ずかしい誤訳を。

訳したものを原文とつきあわせてほしいと頼まれることもあれば、共訳をお願いして、あがってきた訳文を原文とつきあわせることもあるのですが、思い出に残っている誤訳の例をいくつかあげてみましょう。

「彼のあまりに迫力のある眉はまるで戦車のようだった」という訳文がありました。日本語を読んだとき、一瞬、「？」と思ったのですが、すぐに気がつきました。戦車にあたる英語は**caterpillar**、つまり「毛虫」です。おそらく、**caterpillar**→カタピラー・キャタピラー→戦車という連想でこんな訳になったのでしょう。

「その殺し屋はズボンの後ろポケットから僧侶帽を取りだした」。これもすぐにわかりました。僧侶帽にあたる英語は**beretta**です。辞書を引くと、**beretta＝biretta**とあって、**biretta**を引くと、「ビレタ、聖職者のかぶる四角形の固い帽子」とあります。が、この

beretta はそちらではなくて、イタリアの誇る銃器製造会社ファブリカ・ダルミ・ピエトロ・ベレッタ社のピストル、ベレッタです。

　ちょっとありえないような、面白い例をふたつあげてみました。自分はそんなばかな間違いはしないと思った人は多いでしょう。ところが、そういう人こそ要注意。

To err is human.

　そう、人は過ちを犯すものなのです。

　そもそも 1 日に 10 時間以上も原文をにらんで訳し続けていたら、頭は正常に機能しなくなります。いや、2 時間でも、英語の文章に没入してキーボードを叩き続けたら、クレイジーな状態になるでしょう。締め切りが近づいていてあせっている場合などは、いうまでもありません。いってみれば、入試直前の受験生や、その家族にも似ています。

　1975 年、津田塾大学で身代わり受験が発覚したことがあります。この事件がいまでもたまに話題に出るのは、父親が娘に変装して受験したからです。普通の精神状態なら、こんなことは父親も娘も考えるはずがありません。受験時ならではの精神状態がそうさせたと考える以外ないでしょう。

　とにかく、翻訳をしているときの精神状態はクレイジーなものと思って間違いないと思います。なので、いろんな誤訳が生じます。翻訳の初心者だけではなく、ベテランでも誤訳はします。それも日本語を読むだけでわかるような誤訳を。

　しかし、避けられる誤訳はなるべく避けたいものです。その種の誤訳のなかで最も恥ずかしいのが、日本語を読むだけで誤訳とわかる誤訳をしてしまうことでしょう。

というわけで、今回はちょっと変わった形の問題を。

イギリスの作品の場合、次の訳は多くの場合、誤訳です。正しい訳はなんでしょう。

① 「トウモロコシ畑」
② 「フットボール」
③ 「ジャンパー」を頭からすっぽりかぶった。
④ 玄関に置いてあった「トレーナー」
⑤ 「学校のディナー」
⑥ ワーキングクラスの家庭に遊びにいって、「お茶を飲んでいって」といわれた。

正　解

① cornfield. アメリカ、カナダ、オーストラリアでは「トウモロコシ畑」ですが、イギリスでは「(小) 麦畑」。corn は元々、穀物を表す単語で、grain と語源は同じです。corn にはもうひとつ、「魚の目」という意味もありますが、まあ、こちらと間違える人はいないでしょう。

② football. アメリカではフットボールですが、イギリスではサッカー。ただ、悩ましいのはイギリス人の監督が「サッカー」というか、というところです。先日の朝日新聞の記事では、地の文では「サッカー」、監督の談話のなかでは「フットボール」としてありました。ひとつの方法ではあるのですが、これはこれでまた問題があって、こういうことに詳しくない人は、「え、なんで、フットボール？」と思うでしょう。

③ jumper. イギリスでは「セーター」です。アメリカでは「ジャンパードレス、ジャンパースカート」のことをいいます。つ

まり、イギリスでもアメリカでも、**jumper** は「ジャンパー」という意味では使いません（ごく例外的に使わないこともないようなのですが、ぼくはいままでに1度も出会ったことがありません）。日本語のジャンパーにあたる英語は、**jacket** か **windbreaker** です。

④ **trainers.** これは「運動靴、スニーカー」。運動着の「トレーナー」は和製英語で、イギリスでもアメリカでも、**sweat shirt** といいます。

⑤ **school dinner.** これは「給食」。学校以外でも、昼食を **dinner** ということがよくあります。もちろん、イギリスでも給食のことを、**school meal** とか **school lunch** といいます。アメリカではどうなのか、カリフォルニア州に住んでいる知り合いにきいてみたら、「エェェ‼ School dinner っていうの？ アメリカでは school lunch です。*Lunch Lady* ってシリーズの漫画もあるし」とのことでした。

⑥ **Please stay for tea.** これは「夕食を食べていって」。ワーキングクラスでなくても、夕食という意味で **tea** を使うことはあります。

次は、イギリス、アメリカ、カナダ、オーストラリア、インド、すべてに共通の誤訳例、それも日本語を読んだだけでわかるものを。

たとえば、荒野を旅していて、連れの子どもが喘息の発作を起こしたとき、「あたりには馬一頭いなかった」という日本語がくれば、だれでも「え、なんで馬？」と思うでしょう。**house** を **horse** と読み間違えた例です。「あたりには家一軒なかった」の間違いです。こんな勘違いを実際にするはずないと思う人も多いで

しょうが、活字になった本で実際にありました。

To err is human.

さて、問題です。
次の訳は多くの場合、誤訳です。正しい訳はなんでしょう。

① ガチョウが西の空にむかって飛んでいった。
② ワシントンのベトナム戦争戦没者慰霊碑の前に犬の鑑札が置かれていた。
③ 初心者が作るんだったら、シチューがいいだろう。シチューに失敗なし。
④ そういうときには便宜を図ってやるから、指輪をくれ。
⑤ 彼は自分の命のために戦った。
⑥ 彼は暗い影をまとっていた。
⑦ 親父は第1次グラッドストン内閣の陰の参謀で、この腕時計は首相からもらったものなんだ。
⑧ ウィンストン・チャーチルは父親によって埋葬された。
⑨ 大きいつま先、小さいつま先
⑩ 新鮮な水

正 解

① **goose.** ガチョウではなく、ガンです。家禽の場合は「ガチョウ」ですが、野生の鳥の場合は「ガン」。同じように、**duck** も家禽の場合は「アヒル」ですが、野生の鳥の場合は「カモ」。北京ダックはどちらでしょう。
② **dog tag.** 犬の鑑札という意味もあるのですが、軍人の認識票を

指すこともあります。ぼくが翻訳を始めた頃、『十二月の静けさ』という作品でやってしまった誤訳です。戦死者の愛犬の鑑札かなと考えてこう訳してしまい、読者の方にお手紙で教えてもらいました。

③ **You can't ruin a stew.** 訳すとすれば、「煮込みに失敗なし」。日本語でシチューというとかなり手間がかかる料理になってしまいますが、英語の場合は、ごった煮もふくめ、**stew** といいます。

④ **ring.** この **ring** はおそらく指輪ではないでしょう。「そういうときには便宜を図ってやるから、電話をくれ」。電話が発明されるまえのことなら、話は別ですが。

⑤ **for his life.** 「彼は必死に戦った」

⑥ **He wore dark shades.** 「彼は黒のサングラスをかけていた」。これは知らないと、間違えてしまいそうな誤訳の例ですね。なんとなく意味が通るところが恐ろしい。

⑦ **watch.** 腕時計ではなく、懐中時計です。第1次グラッドストン内閣は、1868年〜74年。まだ腕時計は生まれていません。セイコーミュージアムの **HP** には次のように書かれています。「1880年頃ドイツ皇帝ヴィルヘルム1世がドイツ海軍将校用にジラール・ペルゴー社に2,000個の腕時計を製作させたという記録があり、これが懐中時計を腕に巻く専用の革ベルトが付いた、量産された初めての腕時計だと言われています。」
時代考証というほどのものでもないのですが、**watch** のほかにも、**van** とか **vehicle** も時代によっては「車」だったり「馬車」だったりするので気をつけてください。

⑧ チャーチルが死んだとき、すでに父親は死んでいます。**Winston Churchill was buried by his father.** の **by** を取り違えた誤訳です。「父親のそばに埋葬された」が正解……だと思い

ますが、この場合、パラレルワールド物のフィクションだったりすると、そうともいいきれませんね。文法的にはどちらにも取れるので。

⑨ **big toe, little toe.** この **toe** は「つま先」ではなく「足の指」。つまり、「足の親指」「足の小指」です。英語の場合、手の指は **finger**、足の指は **toe**。ちなみに中国語でも、「手指」「脚趾」というふうに使いわけるそうです。

⑩ **fresh water.**「真水」。

あと、思いつくままに書いておきましょう。

1. **earring.** 最近の作品で「イヤリング」はまずないと思います。英語ではイヤリングもピアスも、どちらも **earring** です。英語圏では圧倒的にピアスをしている人が多いので、どちらかわからないときは「ピアス」にしましょう。

2. **landing.** ほとんどの人が「踊り場」（階段の途中を広くして、足休めとした場所）と訳します。もちろん、そういう意味のこともあるのですが、ぼくの経験からすると、半分以上は、踊り場ではなく、階段を上がったところとか、下りたところのことです。これも日本語訳を読んで、誤訳だと気づくことがよくあります。

3. **a sliver of the moon.**「銀色の月」と訳されている場合がたまにあります。

4. **floor.** これは普通、「床」ですが、「地面」の意味に使われることもあります。たとえば、床のない納屋や、空き地にテントを張ったサーカスなどの場合です。建物の構造に注意しましょう。

5. **dirt road.** たまに「埃っぽい道」という訳語をみかけますが、

これは「舗装されていない道、田舎道」のことです。

6. **I don't suppose.** この表現は要注意で、たまに訳文を読んでいて、気がつくことがあります。オンライン版の *Longman Dictionary of Contemporary English* から訳例を拾ってみました。

I don't suppose I'll ever see her again.

（二度と彼女に会うことはないだろう。）

I don't suppose you'd take me to the station?

（駅まで送っていただくわけにはいきませんか。）

つまり、「〜と思わない」というときにも、控えめな提案やお願いのときにも使います。最後に「？」がなくても、提案、お願いのことがあります。

　などなど、ほかにもたくさんあるのですが、まずはこの程度にしておきます。この手の間違いは訳文を読むだけでほぼ誤訳とわかるのですが、知らないと、ついうっかりやってしまいます。しかし、一度でも痛い目に合えば、あるいは一度ちゃんと覚えてしまえば、間違えることはありません。どんなに締め切りが迫って切羽詰まった、クレイジーな状態でもだいじょうぶです。

　さて、いままでの例は初歩的なことばかりでほとんど役に立たなかったという人のために、最後にひとつ、とても微妙で誤訳ともいいきれない、解釈の分かれる翻訳について書いておきます。

　ウィリアム・フォークナーの短編 "A Rose for Emily" は恐怖小説やホラーのアンソロジーにもよく収録されている傑作です。舞台は南部のヨクナパトーファ郡ジェファソンという架空の町。主人公のエミリーは名家の令嬢だったのですが、家は没落し、結

局、生涯独身で通すことになります。そんなエミリーが一度、歩道の舗装にやってきた現場監督のホーマー・バロンと仲良くなるというエピソードがあって、そのあとエミリーが薬局でヒ素を買うという場面の次の章から。

　次の英文の最初のところを訳してください。（　）で囲まれた長い部分は訳さなくてかまいません。

So the next day we all said, "She will kill herself"; and we said it would be the best thing. When she had first begun to be seen with Homer Barron, we had said, "She will marry him." (Then we said, "She will persuade him yet," because Homer himself had remarked — he liked men, and it was known that he drank with the younger men in the Elks' Club — that he was not a marrying man. Later we said, "Poor Emily" behind the jalousies as they passed on Sunday afternoon in the glittering buggy, Miss Emily with her head high and Homer Barron with his hat cocked and a cigar in his teeth, reins and whip in a yellow glove.)

　2017 年に作家・翻訳家の西崎憲さんと二子玉川の蔦屋家電で対談をしたとき、西崎さんからこんな発言が飛びだしました。「こないだ、かなり訳してから、あれ、この主人公、男じゃなくて女だって気がついて……」。きいていて思わず、「西崎さん、そんなことここでいっちゃっていいの！」と口走ったのですが、考えてみれば、そういうこともあるような気がします。というか、あります。その典型的な例が、この短編なのです。ここに引用した部分の問題は we です。われわれ、わたしたち、あたしたち、おれたちなど、

いろんな訳語が頭に浮かびます。

　福武文庫の高橋正雄訳「エミリーに薔薇を」では次のようになっています。

　そこで翌日、われわれはみんなして、「彼女は自殺するつもりだろうか?」と噂した。そして、そうするのがいちばんいいのかもしれない、といった。彼女がホーマー・バロンといっしょにいるのを初めて見たとき、われわれは、「あの女は彼と結婚するつもりだろう」といった。

　岩波少年文庫『南から来た男』に入っている、金原訳の「エミリーにバラを一輪」ではこうなっています。

　次の日、わたしたちは「自殺するつもりね」と言い合いました。そして、それが彼女にとってはいちばんいいのかもしれないとも。エミリーがホーマー・バロンといっしょに姿を現すようになった最初の頃、こんなふうにうわさをしたものです。「ホーマーと結婚するつもりなんだわ」

　原文の we というのはジェファソンの町の人々一般のことで、おそらく英語で読む限りは、we の性別など考えることはないでしょう。ところが、それを日本語に訳すとなると、そうはいきません。「われわれ」と訳したら、全体の文体が男性っぽくなるし、「わたしたち」と訳すと、全体が女性っぽくなります。ぼくが女性っぽく敬体で訳したのは、引用した部分もなんとなく当時の女性がよく話題にしそうだなと思ったのと、ほかにもこんなところがあったからです。「やがて新しい世代が町の中心になり、考え方も変わっていきました。そして絵付けを習いにきていた女の子

たちも大人になり、教室に通わなくなり、娘たちをいかせること
もなくなっていったのです。こうして、絵具箱や、扱いづらい筆や、
女性誌から切り抜いた絵を持って通う子はいなくなりました」

　そうそう、ここを読んだとき、まさに西崎憲現象で、「あれ、
この we って、訳すとしたら女性かも」と思ったのでした。

　それにこのタイトル、「エミリーにバラを一輪」なんて、やっ
ぱり女性的だと思いませんか。

　ただ、この作品の場合、作者も、英語の読者も we は we で、（た
ぶん）男とも女とも考えていないわけなので、どちらが正解とい
うことはありません。日本語にした場合にどうなのか、そこが問
題になるわけです。

　じゃあ、男視点でも女視点でもなく訳す方法があるのか。あり
ます。三人称で訳して、we をすべて町の人々、町民、彼らなど
にしてしまえば、そこはクリアできます。ただ、その場合、町の
内部の視点から語られているニュアンスがなくなってしまいま
す。

　今回、最初に「翻訳に誤訳はつきものです。この場合の「誤訳」
というのは、I を「ぼく・わたし・あたし……」と訳した段階で
誤訳である、というふうなハイレベルの誤訳ではなく」と書いた
のですが、それはこういう場合の話なのでした。
（今回例に挙げた誤訳例は、知り合いの翻訳家の方々にご協力い
ただきました。）

英語と日本語の 一人称をめぐる冒険

>> 男なのか女なのか、それとも

　英語の一人称と日本語の一人称はずいぶん違います。なんといっても英語の場合、一人称はⅠひとつ。幼児でも若者でもおばあちゃんでもドラゴンでも異星人でも、みんなⅠ。これは考えようによれば、すごいことかもしれません。じゃあ日本語ではドラゴンや異星人のための特別な一人称があるのかといわれると、それはないような気がしますが（たぶん）、とりあえず「ぼく、おれ、わたし、わたくし、あたし、あたい、自分、自ら、己れ、われ、わし、拙者、みども、朕……」数え上げればきりがない……ことはないでしょうが、ずいぶんたくさんあるのは間違いありません。そしてそれぞれが独自のニュアンスを持っているわけで、だから昔のおばあちゃんが自分のことを「おれ」といったりすると、もうそれだけでかなり強烈なインパクトがあります。しかしくどいようですが、英語にはⅠしかないのです。

　だから、日本語をほとんど知らない欧米人に、「日本語にはⅠにあたる一人称が 20 や 30 はあって、日本人は各自そのうちのいくつかを自分の気分や TPO に応じて使い分ける」というと、目

を丸くします。

　したがって翻訳家は、I をどう訳すかで、思い切り悩むことも
たまにあるわけです。

　たとえば、英語の一人称が I しかないことを、翻訳にも活かさ
なければならないことがあります。その好例が、イアラ・ジステル
ルの『すてきな仲間たち』の翻訳（出版社は残念ながらつぶれて
しまった「ぬぷん児童図書出版」）。この作品の最初の章は、森の
なかでひとり動物を相手に暮らしている動物学者が自分の生活を
語っているところです。一人称なのでもちろん主語は I。だいた
いこの章を読んだ人は、てっきり主人公は男だと思ってしまいま
す。ところが、2 章に入って初めてそれが女性だということがわ
かって、多くの読者は、「へえ、そうなんだ」と驚くわけです。
この日本語訳は I を「わたし」と訳しているから、原文の面白さ
はそのまま生かせています。

　ところが『すてきな仲間たち』みたいに、うまくいかないこと
があります。

　たとえば、**Chaim Potok** の *Zebra and Other Stories*（ハイム・
ポトク『ゼブラ』）所収の "B.B." という短編が好例です。主人
公は B.B. という小学生で、B.B. の一人称で書かれているのですが、
やっかいなのは、最後までいかないと、この I が男の子なのか女
の子なのかわからない仕掛けになっているところ（じつは、注意
深く読んでいると途中でわかるんだけど、意外と見落とす人が多
い）。

　みんなからは「B.B.」と呼ばれているというところで、ぼくは
最初、男の子だと思ってしまいました。児童文学作家にそういう
名前の男性の作家がいるからです。本名はデニス・ジェイムズ・

ワトキンス＝ピッチフォード。イギリスの作家で1990年に亡くなっています。日本でも『野うさぎの冒険』など10冊くらい訳されていて、ぼくのお気に入りは『少年と黒魔女の淵』。これは自分で訳してみたかった本のうちの1冊です。とくにペーパーバックの原書に使われていた、版画風のイラストがとても印象に残っています。

それはさておき、そんなわけで、男の子だと思ってしまったわけです。

この短編を、ある翻訳講座のテキストに使ってみました。まず1回目にその前半を訳してきてもらいました。不思議なことに、そのときのメンバーはひとりも B.B. という作家を知らなかったにもかかわらず、男の子だと思った人が9割でした。（最後のほうに girl's voice と書かれているのですが、まあ見逃してしまったのでしょう。）

これは面白いなと思って、次に大学院の比較文学の授業でこれをやってみました。すると十数人いる学生のうち、女の子で訳した人がひとりかふたり。あとは全員男の子で訳していました。そしてさらに面白いことに、このIが男の子なのか女の子なのか考えて、どちらかに決めた学生はほとんどいなかった。つまり、みんな無意識のうちにどちらかに決めて読み進めていたということのようです。これは翻訳講座でも大学院でも大体同じ。

また、図書館などの講演でこの短編の前半の粗筋を紹介すると、ほとんどの人が男の子だと思ってしまうのです。じつに不思議です。

さて、この短編、そういう原文の仕掛けを日本語に訳せません。なぜかというと、主人公が子どもなので、Iを「わたし」と訳してしまうと、女の子だということがわかってしまうからです。小

中学生の男の子が「わたし」とは絶対にいわない。結局、最後に性別がわかるという仕掛けの部分は無視して「あたし」で訳してしまいました。だから最初から主人公が女の子だとわかってしまいます。

　原文の面白さがひとつ消えてしまったわけで、誤訳といえば誤訳なのですが、それでもこの作品のすばらしさは十分に伝わるとは思います。

　じつは十数年前、6人ほどのグループで、英語の面白い短編をさがしてきては訳すという勉強会を開いていました。

　この勉強会で“Grandma's Tales”（「おばあちゃんの話」）という短編が話題になりました。作者はベトナム系アメリカ人作家の**Andrew Lam**（アンドルー・ラム）。どういう話かというと、母さんと父さんがラスヴェガスに遊びにいった次の日、おばあちゃんが死んでしまって、留守番をしていたふたりの子どもは仕方なくおばあちゃんを冷凍庫に入れて、両親の帰りを待つことにする……のですが、なんと冷凍したはずのおばあちゃんが生き返ってきて、それも英語はぺらぺらになって、行動力も実行力も数倍になって、94歳だったのに54歳くらいにしかみえなくて、パーティに出掛けるとかいい出して……とまあ、こんな調子。

　この作品でおかしいのは、おばあちゃんに引きずり回されるふたりの子どもです。といってもすでに姉のナンシーは彼氏もいるし、語り手のⅠも高校1年生で、1年上のエリックというボーイフレンドがいる。ただ、問題はこの高1の語り手。「映画はともかく、エリックに会いたかった。あの瞳、青いことといったら、思わず飲みこまれてそこで泳げそうなくらい。胸が熱くなるような笑顔。とにかくかっこいいんだ」といっているのですが、その

うちバイセクシュアルであることがわかってくるのです。

　おいおい、ちょっと待った。おまえは男なのか、それとも女なのか？

　この短編のなかでその手がかりになるのは 1 箇所だけ。それも非常に微妙な科白なのです。それを読み飛ばしてしまうと、この作品はまるっきり死んでしまう。というか、面白さが半減してしまう。

　この短編をコピーして、大学院の学生に要約を書かせてみたところ、予想通り、語り手を女の子にしている学生がほとんど。もっともひとりだけ、こちらの意図に気づいて、性別をはっきりさせないでストーリーをまとめた学生もいて、一本取られてしまいました。

　非常に微妙な科白を読み飛ばしてしまうと、最後まで「？」で終わってしまいます。これはもちろん日本人に限らないわけで、英語を母語とする人々もうっかりやってしまうはずです。

>> I を省く

それじゃあ、絶対にそういう面白さは訳せないのかというと、そんなことはありません。主語の I をすべて省いて訳せばいいわけです。

たとえば昔、**Robert Louis Stevenson, *Treasure Island***（ロバート・ルイス・スティーヴンソン『宝島』）の翻訳を頼まれたとき、主語でちょっと考えました。これはジム少年の冒険物語で、一人称で語られているのですが、ジム少年が語っているのかどうかはわかりません。なぜなら、これは回想の形になっているわけで、語っているのはジム少年かもしれませんが、ジム青年であるかもしれず、もしかしたらジムじいさんかもしれない（もっとも、冒頭のところで、トリローニさんもリブジー先生も生きているから、事件から50年も60年もたってはいないだろうとは思いますが）。

というわけで、主人公が「ぼくは」と語るのはどうなんだろう、とふと思ってしまったわけです。英語では、語っているときのジムの年齢は不明のままです。このあたりに一人称をすべて I ですませてしまう英語的無神経さが出ているのだと思います。おそらく日本の作家だったら、かならず事件から何年後に語っているか書くはずです。そうしないと、一人称に何を使うかが確定できません。一方、英語圏の読者は、語り手のジムを好きな年齢に設定できるわけです。

ともあれ、この作品の I を「ぼく」と訳してしまうとまずいのかもしれない。というわけで、主語を省いて訳していった……のですが、数頁やったところで面倒になって、結局「ぼく」にしてしまいました。

つまり、偕成社文庫『宝島』は途中からいきなり一人称の「ぼく」

が出てくるのです。しかし、それに気づいた人はまだひとりもいません。

　一人称の小説で主語をまるっきり省いてしまうのは、翻訳の場合は面倒なのですが、最初から日本語で書く場合、つまり創作の場合はそう難しくありません。何年か前に、ぼくが受け持っている大学の創作ゼミの合宿で学生がひとり、主語をまったく省いた一人称小説を書いてきました。創作の場合は、主語を省くと書きづらい状況になったら、主人公をちょっと移動させればいいし、どうしてもうまくいかなかったら思い切ってその部分を削ってしまえばいい。ところが翻訳の場合は、原文があるわけで、それをそのまま日本語に移さなくてはならない。小細工くらいはできるのですが、ばっさり削ったり、視点を転換させたりという大細工はできないのです。

　『宝島』で挫折した、一人称の主語抜き翻訳を、ついに長編でやってしまいました。**Colin Bateman, _Divorcing Jack_**（コリン・ベイトマン『ジャックと離婚』）がそれです。共訳者が、「この主人公、『おれ』でもないし、『ぼく』でもないし、『わたし』でもないし……困ってるんです」といってきたので、「じゃ、主語なしでやってみようか」ということになりました。

　アイルランドを舞台にしたミステリなのですが、そのときすでに『ディボーシング・ジャック』というタイトルで映画になっていて、試写会をみにいきました。映画の字幕では、「おれ」になっているか、それとも「ぼく」になっているか、それがなにより知りたかったのです。

　なので目を皿のようにして字幕を追っていたのです……が、どちらでもなかった。というか、主語はありませんでした。考えて

みればあたりまえなのですが、映画だと科白が字幕で出てくるわけで、わざわざ「おれは」とか「ぼくは」とかいう必要はないのです。

ともあれ、主語を極力省いて訳した『ジャックと離婚』、なかなか評判がよく、あちこちの書評で取り上げられて、ずいぶんほめてもらいました。

ところが、いくつかの書評を読んだり、読んだ人の感想をきいたりしたかぎりでは、「主語を省いた文体が面白い、すばらしい」という指摘はありません。まあ、訳文がこなれていて気にならなかったということなのでしょうが、訳者としてはうれしいような悲しいような。

もっとも、「主語を省いて」というのは正しくなくて、正確にいうと「おれ」とか「わたし」とかの一人称の人称代名詞を使わないで訳すということになります。たとえば、「おれの銃」というところを、「自分の銃」としたり「この銃」としたり、「悪いが、その帽子、おれには似合わないんでね」というところを「悪いが、その帽子、似合いそうにないんでね」としたり……とまあ、そういうことです。ただ、この作品の主人公には「おれ」とか「わたし」とかという色をつけたくなかったから（読者に色をつけてもらいたかったから）、こういう処理をしてみたというわけです。

しかし、もともとＩを使って書かれている文章をＩなしで訳すわけですから、どうしてもぎこちない部分ができてしまいます。（『ジャックと離婚』、じつは一カ所だけミスで、「おれ」が出てきています。興味のある方はさがしてみてください。）

『ジャックと離婚』、とても大変だったとはいえ、大変だったのは共訳者で、ぼくはできあがった訳文をチェックする役だったので、

案外と楽でした。

　しかし一度これをやってしまうと、ある意味、癖になってしまうようです。長編だとしんどいのですが、短編ならまだなんとかなるのです。O・ヘンリーの短編集『最後のひと葉』（岩波少年文庫）で、やってみました。

　O. Henry, "Jeff Peters as a Personal Magnet"（「ジェフ・ピーターズの話」）という短編がそれ。主語なしの一人称の語り。詐欺師が主人公のこの作品の翻訳、まずまずの出来だと自惚れています。たとえば、こんな感じ。

Business hadn't been good in the last town, so I only had five dollars. I went to the Fisher Hill druggist and he credited me for half a gross of eight-ounce bottles and corks. I had the labels and ingredients in my valise, left over from the last town.

　前の町じゃ、あまり売れなくて、手元にはたったの五ドルしかなかった。で、フィッシャーヒルの薬屋にいって、八オンス瓶を六ダース、栓のコルクといっしょにつけで売ってもらった。前の町で売れ残った薬とラベルがスーツケースのなかにあった。

　なんてことないじゃんといわれれば、なんてことないのですが、これが難しい。ぜひ一度自分でやってみてください。

　ついでにもうひとつ岩波少年文庫から出ている Edgar Allan Poe , "The Murders in the Rue Morgue"（エドガー・アラン・ポー『モルグ街の殺人事件』）のことを書いておきましょう。

　エドガー・アラン・ポーはぼくの大好きな作家で、大学院の修

士論文はポーで書いたくらいです。岩波書店から依頼されて、ポーの短編集を出すことになり、選んだのが次の作品。

- 「黒猫」（"The Black Cat", 1843）
- 「ウィリアム・ウィルスン」（"William Wilson", 1839）
- 「アッシャー家の崩壊」（"The Fall of the House of Usher", 1839）
- 「赤死病の仮面」（"The Masque of the Red Death", 1842）
- 「大渦にのまれて」（"A Descent into the Maelström,1841）
- 「アモンティリャードの樽」（"The Cask of Amontillado", 1846）
- 「モルグ街の殺人事件」（"The Murders in the Rue Morgue", 1841）

　さて、このなかでひとつだけ I を省いて訳した短編があります。どれかというと「ウィリアム・ウィルスン」。ストーリーをご存じの方はすぐにぴんとくるはずです。これはじつにあくどい主人公ウィリアム・ウィルスンと、彼が悪事を働こうとするたびに邪魔をしに出てくる、正義面をしたウィリアム・ウィルスンのふたりの物語なのですが、このふたりをどう訳し分けるか、いや、訳し分けないかという問題があります。つまり悪役の一人称を「おれ」にして、善玉の一人称を「わたし」にしてしまえば、話は簡単なのですが、このふたりはある意味、同一人物の裏表のようにも読めるわけで、それを考えると、両人とも同じ一人称であるほうが面白い。かといって、どちらも「おれ」、どちらも「わたし」では変です。なら、いっそのこと主人公の一人称は省いてしまえということになったわけです。

冒頭はこんな感じです。

Let me call myself, for the present, William Wilson. The
fair page now lying before me need not be sullied with
my real appellation. This has been already too much an
object for the scorn — for the horror — for the detestation
of my race.

　さて、名前は、とりあえずウィリアム・ウィルスンとしておこ
う。目の前のこの白い紙を、本当の名前で汚してしまうことはな
い。その名前はすでに、わが一家の軽蔑と、恐怖と、嫌悪の的に
なっている。

>> I を訳す

　I について書いてきたのですが、この話、続けろといわれれば、
延々と続けられます。それほど奥の深いというか、根の深いとい
うか、つまるところ面倒な問題なのです。一人称をすべて I で片
づけてしまう人々がいる一方、何十もの一人称を使い分ける人々
がいる。いったい、両者は真の意味でわかりあうことができるの
か、そんな疑問さえわいてきます。なにしろあちらでは、王様も
貴族も騎士も商人も農夫もみんな自分のことを I と呼び、自分の
ことを I と考えているのです。おいおい、冗談だろといいたくな
るのが日本人の人情ではないでしょうか。翻訳家としていわせて
もらえば、I なんて訳せねえよというのが本音です。
　たとえば、ある小説がこんなふうにはじまっているとしましょう。

I had as my companions an odd assortment of pets, which included a monkey, a tortoise, a python and...

　自分はちょっと変わったペットを飼っていて、サルやカメやニシキヘビがいて……といった内容なのですが、I をどう訳しますか？　この段階では、この人が男なのか女なのか、大人なのか子どもなのか、地球人なのか宇宙人なのか、なんにもわからないのです。そして読み進めていくうちに、少しずつその正体がわかっていく。英語の場合は、そうなります。それを「わたしは」と訳した瞬間に、子どもではないということがばれてしまうし、「ぼくは」と訳した瞬間、ある程度、性別や年齢の見当がついてしまう。ある意味、これは誤訳です。英語ではまだわからないことを、読者に知らせてしまうわけですから。

　もちろん逆の場合もあって、「吾輩は猫である」を I am a cat. と訳したら、明らかに誤訳です。「吾輩は猫である」という一文からは、次のようなことが読み取れるからです。
①語っているのは猫である。②偉そうである。③たぶん雄猫だろう。

　しかし I am a cat. という英文からはそのうちの①しか読み取れない。

　『同時通訳面白話』（西山千、松本道弘）のなかで、Call me your highness the cat. という訳はどうかという話が出てきます。これだと、たしかに偉そうな感じは出るけれど、これは「我が輩を、猫陛下と呼べ」という意味だから、やはりまずいでしょう。「吾輩は猫である」という文は、ただ自分は猫なんだということをいっているにもかかわらず、その言い方が偉そうなのである。

　英語の I と違って、日本語の一人称はそれだけでかなりの情報

をふくんでいるわけです。

　もうずいぶん前の朝日新聞にその違いを考えるのにもってこいの記事がふたつ載っていました。

　その小谷野さんの『軟弱者の言い分』（晶文社）という本の中に、「私は『ボク』ではない」というエッセイがあって、そのなかに「私は自分のことを『ボク』とは言わない」「だいたい大学生くらいならいざ知らず、なんで三十過ぎた男が『ボク』なのであるか」と書いてあった。

　困った。ぼくは小谷野さんのいうことは当然だと思って、私と書くことにした。しかし書き始めるとどうも俺らしくないので、やっぱりぼくにすることにした。（朝日新聞 2003 年 1 月 12 日付「いつもそばに本が」蜷川幸雄）

　曙は角界で一番普通な「オレ」を選び、異国に同化した。「人間・花田勝」を貫いた若乃花は「ぼく」で通した。人となりの表れたこの 2 人と違い、貴乃花は「私」を選んだ……時にそんな仮面の下がのぞくことがあった。そんな時の一人称は年相応の「おれ」だった。（朝日新聞夕刊 2003 年 1 月 20 日付）

　両方とも、はっきりいって英訳不可の文章です。「私・オレ・おれ・ぼく」は英語には訳せない。どうしても訳すとしたら「私・おれ・ぼく」を watashi、ore、boku と音訳し、それぞれに英語の注をつける以外ないでしょう。しかし、いったいどういう注をつけるのか。説明すればするほど、わからなくなってしまいそうです。それにこのローマ字表記では「オレ」と「おれ」の違いがわからない。じゃ、片方はイタリック体にするか……といっても、どち

らをイタリック体にするべきなんだ……いやあ、難しい。とりあえず注をつければ、英語を母語とする人々には「日本語にはⅠにあたる言葉が3つ以上あるんだな」ということくらいは伝わるはずですが、それ以上のニュアンスを伝えるのは至難のわざであります。

「どうも俺らしくないので、やっぱりぼくにすることにした」などという日本語は、まず普通の欧米人にはわからないでしょう。

　こういう例に当たると、ついうれしくなって、「訳せるもんなら、訳してみろ」といいたくなってしまいます。いつも翻訳で悩まされている人間ならではの、屈折した気持ちですね。

　2年前、印象という小劇団が谷崎潤一郎の小説『瘋癲老人日記』を芝居にして上演するので、公演のあと、アフタートークをしてほしいという依頼がきました。トークの相手は、構成・演出の鈴木アットさん。芝居や映画のアフタートークはたまに引き受けるのですが、これはかなり勇気がいります。というのは、作品がつまらなかったら、まったく話がはずまないからです。しかし今回の芝居はとてもうまくできていて、アフタートークも時間が足りないくらいでした。

　それはともかく、最低、原作には目を通しておこうと思い、30年ぶりくらいにこの作品を読み直しました。そして、次の箇所がふと目にとまりました。

「オ爺チャン、マダオ休ミニナラナインデスカ」
「今寝ルトコロダ。君ハソンナモノヲ担ギ込マセテドウスルンダ」
予ハ婆サンノイナイ所デハ、颯子ノコトヲ「オ前」ト呼ンダリ「君」ト呼ンダリスル。特ニ意識シテ「君」ト呼ブ場合ガ多イ。自分ノ

コトハ「己」ト云ッタリ「僕」ト云ッタリスルガ、二人キリノ時ハ自然「僕」ガ出ル。颯子ノ方モ二人キリダト変ニ言葉ガゾンザイニナル。ソレガ却テ予ヲ喜バス所以デアルコトヲ心得テイル。「オ爺チャンハ早寝ダケレド、アタシハ当分寝ラレナイカラ、コレニ腰掛ケテ本デモ読ムワ」（下線、金原）

　英語でどう訳されているんだろう。英語では「オ前」も「君」も you だし、「予」も「己」も「僕」も I です。そこで、英訳版、Junichiro Tanizaki の *Diary of a Mad Old Man* を買ってみました。表紙にも背表紙にも訳者の名前はありません。欧米では少なくとも当時、翻訳家の地位は異様に低かったことがよくわかります。内表紙をみて初めて、**Translated from the Japanese by Howard Hibbett** と出てきました。初版は 1965 年。日本での出版が 1962 年です。

　本論に入るまえに、英語のタイトルが気になった人がいると思うので、少し説明しておきましょう。つまり、「瘋癲」を **mad** と訳していいのか、ということです。「寅さん」シリーズが有名になったせいで、「ふうてん、フーテン」というと、「定まった仕事も持たず、ぶらぶらしている人」（『広辞苑』）という意味に取る人が多いのですが、もともと「瘋癲」というのは「常軌を逸した行動をすること。また、その症状の人」（『日本国語大辞典』）を指します。なので、英語に訳せば、**mad** です。

　さて、問題の箇所ですが、英語ではこうなっていました。

"I was just going to, my dear. But why do you want a thing like that?"

When my wife isn't around I tend to speak to Satsuko in

a more intimate way than usual. Often I do it consciously, though it seems natural enough when we are alone. Satsuko herself, if there are only the two of us, talks to me in a curiously impudent manner. She is quite aware of how to please me.

　この英訳をみて、そもそも、カタカナの読みづらさが訳されていないと怒る方もいらっしゃるでしょう。たしかに谷崎が、意図的にこの作品をカタカナで書いたのは間違いありません。原作をもとに芝居に仕立てた鈴木アツトさんも、最初、カタカナのままの脚本を渡したら、団員からクレームが出て、平仮名で打ち直したといっていました。なので、原著者の意図を英訳に反映させようとすれば、読みづらいフォントを使うという手があります。しかしそうしたからといって、カタカナの読みづらさと谷崎の意図が伝わるかどうか、これは判断がとても難しいところです。翻訳家の立場からすると、まあ、それくらいは見逃してあげていいのではないかと思います。そもそも、翻訳物は大体において、その国の作家の作品とくらべると取っつきにくく、読みにくいものです。そのハードルをさらに上げるのは控えたいというのが正直なところです。

　さて、原作の下線部はじつにすっきりと、こう訳されています。

I tend to speak to Satsuko in a more intimate way than usual. Often I do it consciously, thought it seems natural enough when we are alone. （颯子と話すときは、いつもよりなれなれしくなってしまう。しょっちゅう意識的にそうしてることもあるのだが、ふたりきりのときはそのほうが自然に思えるのだ。）

翻訳というよりは要約ですね、これは。一人称はⅠのみ、二人称は you のみの英語に訳すとなると、これ以外、どうしようもないのかもしれません。もちろん、omae、kimi、yo、ore、boku として、それぞれに注をつけるという手もあるのですが、そうすると、文中、ほかの「オ前」「君」「予」「己」「僕」もそうしなくてはならなくなって、読者はまず読む気が失せます。ということは、この段落の最初に「要約」と書きましたが、これは立派な翻訳ということになります。

　ぼくの好きな言葉に Please don't shoot the piano player. He is doing the best he can! というのがあります。よくバーなんかにかかっている看板に書かれている言葉です。the piano player をときどき、the translator に変えてみたくなってしまいます。

　この部分の日本語と英語をくらべてみると、どうしてもうまく他言語に訳せない言葉があるということがよくわかってもらえると思います。

　図書館などでの講演でよくある質問のひとつに、「英語でいちばん日本語に訳しにくい言葉はなんですか」というのがあります。いつも、こう答えることにしています。

「Ⅰ」です。

>> あらためて一人称の問題

　Ⅰについてある場所であれこれ書いたら、それを読んだ作家のひこ・田中さんからメールがきました。これが面白いので、紹介しておきます。

　Ⅰというか人称に関しては難しいね。日本の場合だと、「私」「ワ

タシ」「わたし」「俺」「オレ」「おれ」「僕」「ボク」「ぼく」みん
な違うし、日常ではもう使わない「拙者」や「わし」なども決し
て死語ではないし。そして、一人の人がそれを使い分ける。私が
思うにたぶんそれは、Iの場合、「個」が別の「個」と接したり距
離を取ったりすることで初めて「個」は存在すると考えているか
ら、Iだけでもコミュニケーション出来る。一方この国の場合は、
コミュニケーション以前に相手に対して、己の位置づけをする必
要があるから、「ぼく」だけを使う人は、「オレ」や「私」を使わ
ないのが「ぼく」というやつですと表明している。また使い分け
る時は、「あんたとの距離はこれくらいだよ」と先に表明する。
物語作るときも、これにまず悩むね。そいつのキャラ立てるの
はどれかと。使い分けるやつなら、どの時どう使い分けるかと。
つまり、そこでも、相手の存在以前に人称の段階で「個」をある
程度決定してしまう。

　英語の一人称はⅠひとつなのに、日本語の一人称はじつにたく
さんある、という話をしてきました。
　英語の場合、一人称にⅠしか使わないなら、am などという be
動詞を使うときには、Ⅰなんか省いてしまえばいいだろうという
気がたまにします。I am a cat. なんてわざわざいわなくったって、
am とくれば主語はⅠしかないんだから、Am a cat. で十分なので
す。主語を省くのは日本語の特徴みたいによくいわれますが、英
語だって省いちゃえばいい。実際、ラテン語など、動詞で主語が
わかるときは、主語を省くことも多いし。英語でも日記なんかで
は、よく省かれます。
　しかし逆に日本語は、一人称のヴァリエーションが豊富なぶ
ん、主語を省けないことが多々あります。なにしろ、「私、わたし、

ワタシ、俺、おれ、オレ、僕、ぼく、ボク、あたし、われ、おのれ、自分、朕……」と、30 や 40 はありそうです。

　ここで少し視点を変えて、日本語で I の訳語はいくつくらいあるでしょう。え、30 や 40 じゃないの？　と思った人、翻訳家志望だったら、要注意。

　図書館などの講演でたまに、「翻訳で、一番訳しづらい単語ってなんですか」という質問には「I です」と答えると前に書きましたが（「英語と日本語の一人称をめぐる冒険」p. 022）、普通はこのあとに、ぼくからのこんな質問が続きます。
「I の訳語、いくつくらいあると思いますか。次の中から選んでください。① 20 〜 30、② 100 くらい、③それ以上」とたずねて、正解は③ですといったあと、「では、これがあれば 100 以上あるという具体的な例をあげられる方は手を上げてください」というと、案外とすぐに正解がでてくるのです。それも小学生や中学生から。

　まずは、「お母さんは、そういうの嫌いだからやめてちょうだい」というときの「お母さん」は I です。「先生はきみのことを思っていっているんだからね」というときの「先生」は I です。

　それだけではなく、自分の名前ということもあります。「うん、アリスはそれ、好きなの」とか。この「アリス」はきっと、原文では I でしょう。ということは、名前の数だけ I がある？

　いえいえ、それどころか、あらゆる名詞が I になりえます。たとえば、ゾウさんがアリさんと話をしていて、「ゾウさんはアリさんが大好きなんだよ」というときの「ゾウさん」は I でしょう。月が地球をながめて、「月はいつも地球のことをきれいだなって思ってるんだよ」というときの「月」は I でしょう。

　いえいえ、それどころか、動詞だって I になりえます。「歩く」

が「走る」に向かって、「おいおい、歩くは走るのことがうらやましくてたまらないんだ、頼むから、少しゆっくり走ってくれないか」というときの「歩く」はI です。

いえいえ、それどころか、「、」が「。」に向かって、「、は。のそばにいたくてたまらないんだけど、ぼくたちって、絶対に隣にいられないんだよね。これって悲劇！」というときの「、」はI です。

以上、簡単にまとめると、すべてはI になる、ということです。

>> ついでに二人称の問題

さて次は、二人称の話です。

そう、英語には二人称も you しかないのです。

こういうと、たまに英文科の学生などが「先生、thou という二人称の古いやつがあるじゃないですか」などといってきますが、それをいえば、一人称だって、royal we というのがあります。両方とも古い英語にはよく出てくるのですが、それは例外。ここでは取り上げません。

ただ、日本語と英語の違いということでいえば、英語の二人称も一人称と同じようなことになってしまうので、省略しようと思うのですが、日本語の二人称については、ひとつ気になっていることがあります。講演などでよく話すのですが、じつは、自分のなかでまだ解決がついていない問題があるのです。なにかというと、日本語における二人称の一人称的用法です。

たとえば関西で、「われ、なにしてけつかんねん」という場合の「われ」。「おのれ、どついたろか」という場合の「おのれ」。「自分、いったいどう考えとんねん」という場合の「自分」。

英語でいったいどう訳せばいいのだろうと、たまに考えます。

What are you doing? ではなく、**What are I doing?**。こういう日本語の二人称の多様性をみると、日本語って、いや、日本人って、いったい、何考えてんだろうと首をかしげたくなりませんか。

さっきは関西弁の例をあげたのですが、これは関西だけでなく、日本語の基本的構造としてしっかりあるようです。たとえば、「おのれ（己）」を『広辞苑』で引くと、次のように書かれています。

（一人称）わたくし。われ。
（二人称）目下の者に、または人をののしる時にいう。きさま。
こいつ。

たとえば、「うぬぼれ」の「うぬ」というのは自分のこと、つまり自分に惚れることをいうのですが、この「うぬ」も二人称に使われます。時代劇などでよく耳にする、「うぬめらの知ったことか！」ですね。

そう、大阪人だけが特別なのではないのです。日本語が特別なのです。

いったいこれは日本語の（あるいは日本人の）どういう感性と結びついているのか。それが気になってしょうがなかったのです。

この疑問に、面白い方向から光をあててくれたのが橋本治です。『いま私たちが考えるべきこと』（新潮文庫）という著書のなかで、この問題に触れています。橋本治いわく、日本語には

『一人称と二人称の区別』がない！

以下、引用です。

日本語には「一人称と二人称の区別」がない。「我」は、「自分をさす言葉」であると同時に、「二人称の他人をさす言葉」でもあって、「己」も「自分」も同じなのである。「自分」などという、近代になって一般的になったとしか思えない言葉でさえ、「自分＝他人」の構造になっているというのにはちょっとびっくりするが、しかし、そうなのである。

　この本の中心になっているのは、「人間には二種類がある」という仮定です。二種類というのは、「自分のことを考えろ、と言われるとまず自分のことを考える人」と「自分のことを考えろ、と言われるとまず他人のことを考える人」です。このへんについては、この本を読んでもらうことにして、さっきの問題にもどり、もうひとつ橋本治の文章を引用してみましょう。

　そんなメチャクチャな言葉を使って意思の疎通を図ることが可能なのは、日本語が、「その言葉の置かれた文脈に従って、言葉の意味を理解する」という、思考技術を前提にしているからである。つまり、「自分のことを考えるに際して、"他人"という迂回路を通る」をあたりまえにしているのである。

　これを読んで、「その言葉の置かれた文脈に従って、言葉の意味を理解する」のは日本語に限らず、万国共通ではないかと疑問に思った人も多いでしょうが、この本の文脈ではそうではありません。そのへんを説明しだすと大変だし、そもそもそのへんを説明するためにこの本一冊が書かれているわけなので、気になる人は、ぜひ読んでみてください。これほどわかりやすい言葉で、これほど日本語について深く考えさせてくれる本はなかなかありま

せん。

　橋本治はある意味、ぼくの翻訳の先生でもあって、ずいぶん前の新潮社の宣伝雑誌「波」にこんなことを書きました。一部を引用しておきます。

　当時まだ駆け出しの翻訳家だった金原は、これ（『桃尻語訳・枕草子』）を読んで、君子ではないが豹変した。その時代と社会と個人の「好み」が、はっしと切り結んだ虚像こそ翻訳の本質なのだと悟ったのである。橋本治版『枕草子』なくして、現在の自分はないと思う。

>> さらについでに、単数の they について

　これをみて、「ああ、あれか」と思った人も多いはずです。英語圏で、ノンバイナリーの人の人称代名詞として、he でもなく she でもなく、they を使うことが増えてきたのです。

　ノンバイナリー（nonbinary）というのは、自分のことを男性とも女性とも認識できない人、しない人、あるいはそういう認識を必要と思わない人のことで、トランスジェンダーとは違います。英語を母語とする人々の間で、そういう人を指すとき、出生時の性別に関係のない人称代名詞として、「she」や「he」ではなく「they」などが使われるようになりました。

　実際、アメリカでは性別の選択として法律的に認めている州もあります。

　実際にこの they を使った例としては以下のようなものがあります。

① *I wish you all the best* というヤングアダルト小説の紹介文。

When Ben De Backer comes out to <u>their</u> parents as nonbinary, <u>they</u>'re thrown out of <u>their</u> house and forced to move in with <u>their</u> estranged older sister, Hannah, and her husband, Thomas, whom Ben has never even met. Struggling with an anxiety disorder compounded by <u>their</u> parents' rejection, <u>they</u> come out only to Hannah, Thomas, and <u>their</u> therapist and try to keep a low profile in a new school.

（下線、金原）

② アメリカのアニメ *Steven Universe* にノンバイナリーのキャラクターがでてきます。いろんなジェンダーのキャラクターが出てくると twitter で話題になっているのですが、ノンバイナリーのキャラクター、Shep と付き合っ ている女の子と店員のセリフで単数の they が使われています。

店員：So, how's stuff going with Shep?
女の子：Great! <u>They</u> are so cool. I can't believe dating for almost two month now. Everything just feel so easy.
店員：That's… awesome. Say hi to <u>them</u> for me.
（下線、金原）

③ *They/Them* (Non-binary Short Film) という 20 分弱のショートフィルム。（**1,981,539** 回視聴 •**2020/01/15**）

〈主人公が自分の心境を生徒達に語るシーンからの引用〉

16:17~

You see, every time someone calls me "she" my stomach turns and my skin feels thick.

(...)

17:00~

"Him" ...feels like synonymous with someone else.

(...)

17:30

When the only thing I was scared of losing was my sense of self.

You see, I never thought we were speaking the same language until someone said "<u>They</u>" instead.

（下線、金原）

　こういう they に慣れていないと戸惑うかもしれませんが、翻訳に関して、①と②の場合はまったく困りません。

　①なら、「ベン・ディ・バッカーはノンバイナリーであることを両親に打ち明けた結果、うちから追い出され……」と訳していけばいいし、②なら「すっごくクールなの」「シェップによろしくね」と訳せばいいわけです。

　問題は③です。「She と呼ばれると全身ぞわっとするし、Him とかいわれると、なんだか他人のことみたいだし。They って、いってもらえないと……」といっているわけで、これは、ちょっとやそっとでは生きのいい日本語になりません。「女の子」「男の子」「その子」も変だし。まあ、こういう作品の翻訳は若い人の方が向いているかもしれません。

さて、もうひとつ気になるのが、大ベストセラーになった『鬼滅の刃』の作者、吾峠呼世晴。女性といわれていますが、公式には、男性か女性か不明ということになっています。なら、英語では？もしかして they ？

TIME 誌では次のようになっています。

Writing under the pen name Koyoharu Gotouge, <u>the author</u> published the first chapter of the serialized Demon Slayer in 2016. The manga follows Tanjiro, the teen protagonist who trains vigorously to fight against demons-while feeling immense empathy for these creatures who were once human. (下線、金原)

ほかにも the writer という表記もあります。なるほど、この手がありますね。あと、*The Mainichi* も the author を使っています。

ただ、That Hashtag Show では次のように書かれています。

Demon Slayer: Kimetsu no Yaiba is one of the best-selling manga and anime in existence, so it's no wonder that the mangaka, Koyoharu Gotouge, has become so famous. So the fact that <u>they</u>'re on the Time 100 list probably shouldn't have been a surprise. (下線、金原)

なるほど、they ですね。

また、翻訳講座のメンバーからこんなメールがきました。

５年前くらいにオレゴンに留学していた時に、新学期の最初の

各授業で自己紹介の際に **Preferred Pronouns** もそれぞれいうことになっていたのが印象的だったのをふと思い出しました。**they** といっていた人ももちろんいました。すべての授業でそうするように決まっていたわけではないのですが、小さいクラスでは、自己紹介の際に「名前」と「自分が好む代名詞」はいってくださいと、先生からいわれることが多かった記憶があります。

>> 日本語の一人称と英語の一人称、どちらが偉いか

　英語の場合、一人称単数は文のどこにきても大文字で表記します。そう、**I** です。フランス語の一人称 **je** は文頭にこなければ小文字です。そう考えると、英語の一人称は偉そうですね。だから英語を母語とする人間は我が強いんだ、という人もいるくらいです。いや、あれはただ、文中に小文字で **i** がひとつだけ出てくると読みづらいからでしょうという人もいます。

　まあ、それはどうでもいいのですが、ここで考えてみたいのは日本語の一人称です。これはかなり偉そうだと思いませんか。

　たとえば、「わたしは山本くんと図書館にいった」とはいいますが、「山本くんとわたしは図書館にいった」とはいいません。これは、山本くんの立場が自分より下だから、山本くんが後にくるわけではありません。「わたしはお父さんとデパートにいった」とはいいますが、「お父さんとわたしはデパートにいった」とはいいません。一方、「わたしはお父さんといっしょに」といういい方はします。「自分」があまり主体的でない場合、「お父さんとぼくは遊園地にいった」ということがあるかもしれませんが、その場合でも、「ぼくはお父さんに連れられて遊園地にいった」というほうが普通だと思います。

さらにいえば、「ぼくは仲間と公園にいった」とはいいますが、「仲間はぼくと」とはいわないでしょう。

　翻訳の話で、なぜこんなことを書いたかというと、英語では逆だからです。

　たとえば英語では普通、次のようにいいます。**Mary and I walked to the park.** こう書かれると、英語の I は謙虚な気がしますが、それはともかく、これをどう訳すか、これが気になるのです。つまり、「メアリーとわたしは」とするのか「わたしはメアリーと」とするのか。

　これに似ているのが **My mother and my father**。日本だと、「お父さんとお母さん」が一般的なので、昔はそう訳していたのですが、いまでは英語のままにするという人が増えてきました。

　これらはどれが正しい、どれが間違いという問題ではなく、どれを取るか、つまり訳者に選択がまかされているのだと思います。英語ではこういうんだから、そのまま訳す派と、日本語に義理立てをする派のふたつです。ぼくはずっと後者だったのですが、たまに、前者になることもあります。いや、最近は前者になることのほうが多いかもしれません。というのは、最近は「メアリーとわたしは」が日本語を変えつつあるからです。学生の課題や答案をみていると、それをときどき感じます。

　翻訳が日本語を変える一例だと思います。

　これがさらに進んでいくと、「なにが彼女をそうさせたか」とか「われらの狂気を生き延びる道を教えよ」といった直訳体の訳文がどんどん出てくるかもしれません。それでいいのか……いや、それは日本語の危機だろう……いや、日本語の新しい可能性だろう……という議論は楽しいと思います。

　実際、芥川龍之介の文体はかなりそれに近いものがあります。

たとえば、

　内供の自尊心は、妻帯と云うやうな結果的な事実に左右される為には、余りにデリケイトに出来てゐたのである。そこで内供は、積極的にも消極的にも、この自尊心の毀損を恢復しようと試みた。

　まるで、当時の学生の英文和訳のように読めませんか。

　あちこちに翻訳文体、それも直訳文体が顔を出していて、国語の作文の時間にこんな文章を書いたら、絶対、先生にしかられるでしょう。ぼくなら怒りますね。ついでにいうと、今の翻訳家がこんな文体で訳したら、それこそひんしゅく物です。それを当時、漱石がほめていたりするのだから訳がわかりません。

　しかし考えてみれば、たぶん当時、こういう直訳風の文がちょこちょこ顔をだすのが新鮮で面白かったのでしょう。この芥川の文は、今の感覚で読めば、決して美しくもなければ、正しくもない。しかし当時は新鮮に響き、「文学的」に感じられたのでしょう。これが現代に復活する可能性はないとはいえません。

　言葉は変わります。あっと息を飲むほど、見事に変わっていきます。おそらく、古びないものなどなにもないのでしょう。新しいものもやがて、ありふれたものになり、古いものになっていく。あらゆるものは時間がたてば古びる。もちろん古びても、なお次の時代に通用するものもあります。が、そういったものが「本当に価値がある」ものであるかどうかは、また定かではない。そもそも、そのまた次の時代に通用するかどうかもわからないのですから。言葉や言葉づかいには、そういう絶対的な価値などないのでしょう。その時代、その社会、その人にとって価値を持つかどうか、それしかないのだと思うし、それでいいと思います。

　どうぞ、それぞれ考えてみてください。

以下、蛇足です。

Mary and I walked to the park. は自分なら「わたしはメアリーと公園まで歩いていった」と訳すという話をしました。しかし、「わたしとメアリーは公園まで歩いていった」はＯＫでしょうか。一度、ブログで、「この言い方はなんとなく違和感がある」と書いたところ、あちこちから反論がきたのですが、ぼくとしてはいまでもなんとなく、違うよな、違うんじゃないかな、という気がします。

それに関して、妹からメールをもらったことがあります。

「わたしはさいこちゃんと日仏会館のレストランに行った」という文章は確かな日本語だと思うのだけれど、「わたしとさいこちゃんは○○に行った」というのは確かに変。「わたし達は○○に行った」とは言うけど、「わたしとさいこちゃんは」と言わないのは、きっと日本人に利己的遺伝子が組み込まれているからだ。

つまり、「わたしとさいこちゃん」というふうに、「わたし」と他者が並列されたものは、主語にしたくないんだ、きっと。二人以上を主語にするには、「わたし達」でないと許せない。主人公は、常に自分でなければならない。少なくとも、私の場合はそーだナ。私は遺伝子を忠実に守って、種の繁栄を支えている、立派な利己主義者になれていると思うよ。

そう考えると、冒頭の「わたしはさいこちゃんと日仏会館のレストランに行った」というのは、正しいと思うなあ。だって、さいこちゃんは「わたし」にちゃんと隷属してるもん。

でも、思うに「わたしは夫とティファニーに行った」というより、「わたしと夫はティファニーに行った」と並列にした方が、夫も喜んで行っているという微妙なニュアンスが出るような気がす

る。前者だと、夫が嫌々ティファニーに行ってるような、まるで泣く泣く連行されているような感じがして、何となく嫌だわ。少なくとも私の夫ぢゃないわ。

　しかしさらに考えてみると、「わたしは夫とティファニーに行った」は「夫とティファニーに行った」でもいいわけで、こんなに簡単に省略できてしまう一人称って、全然、偉くないのかもしれません。
　まあ、微妙といえば微妙で、どうでもいいといえばどうでもいいことなのですが、ちょっと話題として面白かったので紹介してみました。
　そういえば昔、ぼくは「ティファニー」というのはレストランの名前だと思ってました。

終助詞の話

　一人称や二人称の扱いもやっかいですが、日本語の終助詞もやっかいです。なぜなら、欧米の言語には存在しないからです。中国語にも存在しない。しかし日本でこれを使わないで会話を訳すことはまず、ありません。

「とてもかわいいね」「とてもかわいいねぇ」「とてもかわいいな」「とてもかわいいぞ」「とてもかわいいじゃん」「すっげえかわいいじゃねえか」まあ、どれも、**very cute** くらいになっちゃうんだと思います、英語だと。

　とにかく、日本語の終助詞というやつは多彩で、便利で、会話や会話文に微妙な、そしてときには決定的な色合いを添えてくれます。ただ、この優れものが、たまに翻訳の足を引っぱることがあるのです。

　バベット・コールの『つるつるしわしわ：としをとるおはなし』（ほるぷ出版）という絵本がその典型的な一例。

　この絵本、おじいちゃんとおばあちゃんが自分たちの人生を生意気な孫に語るという設定になっているのですが、どの部分をおじいちゃんがしゃべっているのか、どの部分をおばあちゃんがしゃべっているのか、さっぱりわからないわけです。英語にはお

じいちゃん言葉もおばあちゃん言葉もありませんから。しかし日本語にはちゃんとあります。ところがおじいちゃん言葉にもおばあちゃん言葉にもきこえる言葉はない……というか、ぼくには思いつきません。ということは、おじいちゃんの科白とおばあちゃんの科白をそれぞれ、こちらで決めて訳さなくてはならないということになります。じゃあ、どう決めるか。

かなり悩んだ結果、次の科白をおばあちゃんにいわせることにしました。

「はらんばんじょうの　じんせいだけど　いつかは　ふたりとも　くたばっちまうのよねえ　だれだって　そうなんだから」

あとは交互に、おじいちゃんおばあちゃんおじいちゃんおばあちゃん……と訳していったわけです。

しかし考えてみれば、英語で読み聞かせをする場合、語り手は、おじいちゃんの口調（声色）とおばあちゃんの口調（声色）を使い分けて語るんだと思います。ということは、どの科白をおじいちゃんにいわせて、どの科白をおばあちゃんにいわせるかは、その語り手にゆだねられる。つまり、語り手の好きなように、ふたりの言葉の分担を決められるわけです。ところが日本語版では、それができない。あらかじめ訳者が（ぼくが）、どちらかに決めてしまったのだから。その意味では、英語版の自由さがないわけです。

だから、この本を子どもに読み聞かせるときには、おじいちゃんとおばあちゃんの言葉を、自由に入れ替えてくださって結構です。いろいろやってみてください。といっても、この絵本、絶版なのです。大好きなのに。

こういった終助詞に関する問題がなぜ起こるかというと、日本語の場合、言文が一致していないからだと思います。そもそも会話や会話文から終助詞を排除することは不可能ですし、三人称客観描写の地の文に会話文の終助詞を使うのは絶対に変なのです。

　そういう終助詞のない欧米の言語では、会話文でその語り手の性別、年齢、職業、その他を判断するのは難しいことが多いわけで、だから、会話のあとに必ずといっていいほど、「he said.」「she said.」といった但し書きがつくわけです。

　翻訳家の青山南さんが『ピーターとペーターの狭間で』（ちくま文庫）で、こんなことをいっています。

　翻訳をやっていて、「と言った」と訳していくとき、ああオートマチックだなあ、と悲しくなることしきりだ。「と言った」「と言った」「と言った」「と言った」とたてつづけにオートマチック銃を連発するときなど、これじゃコメディになっちゃうと心配になったりもする。だけど、つい逐語訳に走ってしまうのは、一語たりとも訳し忘れてはいけないという恐怖のようなものが、翻訳する人間にはつきまとうからである。脱字ならぬ脱訳は、心配すればキリがないだけに、　始末の悪い悩みのタネなのだ。なにしろ、ほれ、翻訳を読みながら原書を読むひとたちもいるわけでしょ、そういうひとたちに脱訳を見つけられたら、たまりませんもの。

　しかしやはり、日本語では「昨日、ティファニーにいって、朝ごはん食べてきたの」といえば、だいたい女性の言葉だとわかるわけで、それにいちいち「と、彼女はいった」という文を添えるのはばかばかしいし、うざったい。そういうのが繰り返し出てくる場合は省略したほうがいいと思います。

ところがアメリカでも、そういった付け足しをうざったいと感じた作家がいました。たとえばヘミングウェイ。ヘミングウェイは、「ハードボイルド（固ゆで）」と呼ばれる文体で作品を書いた作家として有名で、その特徴は、感情表現をとことん抑え、無駄な修飾を徹底的にそぎ落とした客観描写にあります。非常にきびきびした、小気味のいい文体といっていいでしょう。そこで、ヘミングウェイはいくつかの作品で、できるだけ he said. や she said. を省略しようとした……その結果、誤訳を生むことになってしまいました。he said.　she said. 抜きで会話文が続いていくと、たまにだれがしゃべってるのかわからなくなってしまうのです。だから昔のヘミングウェイの翻訳で、発話者を間違えて訳している場合がたまにあるというのは定説になっています……が、それは日本人に限ったことではなく、英語圏の人でさえよく間違えるそうです。

　といった具合に、ある意味、日本語の終助詞というのはとても便利な道具なのです。

　考えてみれば、文字というのは便利なようで、じつに不便でもあります。というのは情報量が少なすぎるからです。

　たとえば、身の回りで、あるいは目の前で展開されている「現実」、これを情報量 100％ とします。目にみえて、音も耳に入ってきて、まわりの様子も感じ取れて、という状態です。映画や演劇は、これにかなり近い。これから背景や大道具、小道具を一切なくして、言葉でそれを説明する演芸が能や狂言です。狂言の「附子」で天目茶碗を割るときも、仕草と声だけでそれを演じます。そして観客はそこを想像力で補ってみるわけです。

　『あたらしい教科書　古典芸能』（プチグラパブリッシング）を

監修したとき、狂言師の茂山宗彦さんにインタビューしたのですが、そのとき驚いたのは、小学校や幼稚園にまで出張して狂言を演じていることでした。

　次のやりとりは、その本に収録できなかった逸話です。

「園児にわかるんですか？」

「それが、わかるんですよ。まあ、みてもらうというより、いっしょに遊ぶって感じなんですけどね。たとえば、『柿山伏』という狂言があって、そのなかで、山伏が柿をもぐ所作をするんですけど、普通は同じ動作をくり返します。ところが、幼稚園のお遊戯室でこれをやったとき、前に座ってた子に、『おっちゃん、そこ、柿ないで』といわれたんですわ。同じ動作をくり返しているので、そりゃまあ、そこにはもうないわけです。子どもには『柿』がみえてるんですよ」

「そのとき、どうしたんですか」

「『あ、ない？　どこにある？』とその子にきいたら、『おっちゃん、あそこや』と教えてくれました。」（金原がそのときの記憶を元に再現）

　さすが、狂言師、ライヴのやりとりには慣れているのでしょうが、それにしてもすばらしいのは人間の想像力です。

　能や狂言からさらに情報を削って、そこをまた言葉で説明するのが落語でしょう。座布団に座って、扇子一本を手に、何人もの登場人物を演じわけます。同じく、『古典芸能』から立川志らくさんの話を引用しておきます。

　一人で全部できるっていうのも醍醐味ですね。以前、シネマ落

語で『ゴッドファーザー』を、パート1、パート2、パート3、全部やったんですよ。登場人物が80人くらい出てくる。フランシス・フォード・コッポラが、アル・パチーノやマーロン・ブランドという一流の役者を使って、何十億かけて、何年もかけて作ったものを、たった一人でも話してしまう（笑）

　演じるほうも演じるほうですが、それをきいて想像するほうも想像するほうです。

　いったい人間って、どこまで想像を羽ばたかせることができるのでしょう。そう、その究極にあるのが本だと思います。人物も情景も目の前にない、声も音もきこえない、あるのは文字という名の記号だけ。これを読んで、背景を想像し、登場人物を想像し、彼らの考えていることや思っていることを想像して、さらに物語を想像するわけです。本よりも情報の少ないメディアでこれができるでしょうか。おそらく不可能だと思います。つまり、ぎりぎりまで情報を削ったメディアといってもいいでしょう。たとえば、文章と動画のデータのサイズをくらべてみれば、一目瞭然です。文章のデータのほうが、めちゃくちゃ小さい。ということは、文字メディアは、そのぶん想像力に負荷がかかっているわけです。

　園児や小学生がアニメはみても本は読まない理由は、そこです。ちゃんと訓練して慣れていかないと、本は読めない。難しいのです。ぼくもマンガとアニメで育ったので、それはよくわかります。

　枕がずいぶん長くなりましたが、さて、そこで終助詞・役割語です。翻訳に限らず、創作に限らず、この塩梅が難しい。というのも、時代の影響を強く受けるからです。

　わかりやすい例が、「ね」。昔は、女性がよく使っていたのですが、最近の女性はあまり使わなくなった、その代わり、男性がよく使

うようになった、じゃあ、いま訳している本はどうすればいいのだ、ということです。いや、そんなのは簡単で、いまみんながしゃべっているように訳せばいいのではないか、という人もいるのですが、ちょっと待ってほしい。

　20年以上前、ある図書館でぼくの知り合いが講演をしました。その講演録（文字おこしをしたもの）を読んだ人が、「あら、今回は女性の方だったのね」といったのですが、講演をしたのは男性でした。どうしてそんな勘違いをしたのかというと、文尾に「ね」が多かったからです。その人と会って話しているぶんには、まったく違和感はなく、「ね」が多いからといってやさしい感じもしないのですが、それを文章にしてしまうと、妙に女性っぽく読めてしまう。これは注意したほうがいいと思います。

　マンガの場合はまったく気にする必要はありません。吹き出しのなかにいくら「ね」が多用されていようが、それをしゃべっている登場人物の絵がそこにあるからです。しかし文章だけの場合は気にする必要がありそうです。

　ぼくは翻訳の際、男性は意識して男性らしい言葉づかいを、女性は意識して女性らしい言葉づかいをと心がけています。ある意味、めりはりをつけるというか。いってみれば、古いタイプの翻訳家なのかもしれません。

　もちろん、これからもさらに言葉の中性化は進んでいくでしょうし、それをうまく使える作家も訳者も生まれてくると思います。ですが、昔はこうだったということを覚えておくと、案外と役に立つこともあります。

　終助詞とはまた別に、役割語の働きをするものとして、逆接の接続詞がある……とぼくは思っています。これは案外と、ないが

しろにされているような気がします。というのも、最近の翻訳や、翻訳講座の人たちの試訳を読むと、ほとんどみんな、「でも」を使っているのです。たしかに、最近の日本人の会話では、「でも」の出場回数は圧倒的に多く、若い人だけでなく、中年以上の会話でもしょっちゅう耳にします。

だからといって、訳文で「でも」ばかり使うのは、もったいない。何度もくり返しますが、文字、文章というのは情報がきわめて少ないのです。そして、逆接の接続詞に何を使うのかは、登場人物のキャラクターのイメージにかなりの影響を及ぼします。まあ、それがどれくらい伝わるかは読者次第ではあるのですが、あまり受け止めてくれない読者に対してもサブリミナル効果くらいはあるはずです。

でも、でもね、だけども、だけど、けど、けどね、しかし、しかしねえ、だが、が、ただ、といっても、とはいっても、など色々あります。このキャラクターの逆接はこれ！　という使い方もできるはずです。ちょっと考えてみてください。

それから、最近では、三人称小説の地の文にも「でも」を使う人がいるのですが、古い人間にいわせると、「でも」はしゃべり言葉、会話の言葉であって、地の文には使いません。

Rick Riordan, *Percy Jackson* （リック・リオーダン『パーシー・ジャクソン』）シリーズを訳しています。いまちょうど第3シリーズが終わるところで、すべて合わせると17巻。登場人物は数えたことがないのですが、主要な人物だけで50人を超します。こうなると、自分のことをどう呼ぶのか、相手のことをどう呼ぶのかをきっちり決めておかないと、あとあと困ったことになってしまいます。そのへんを共訳者がていねいに表を作って管理してくれています。その一部を紹介しましょう。逆接の接続詞もいっしょ

に書いてあるところに注目してください。

	I	but	親族を呼ぶとき
パーシー	おれ	けど	父さん、母さん
アナベス	あたし	でも	お父さん
グローバー	ぼく	だけど、けど	
ルーク	ぼく	けれど、だけど	母さん
クラリサ	あたし	けど	
タイソン	おれ （極力使わない）	だけど	父ちゃん・(5巻) 父さん
タレイア	私		兄ちゃん、お母 さん
ビアンカ	あたし	でも	
ニコ	ぼく (3) → おれ (4,5)		姉ちゃん、父上、 母さん

　また、神さまの場合、それぞれ自分をなんと呼ぶか、パーシー
をどう呼ぶかは、こんな感じです。

	I	パーシーを呼ぶとき
ゼウス	わし	おまえ
ヘラ	私	あなた
ポセイドン	わし	おまえ
デメテル	私	あなた
アポロン	ぼく	君
アルテミス	私	あなた
アレス	おれ；こっち	おまえ
アフロディテ	私	あなた

アレスは革ジャンを着て、子象くらいでかいバイクを乗り回しているので、「おれ」です。アポロンだけが偉そうでないのは理由があります。まあ、興味のある方は読んでみてください。アポロン、第3シリーズの主人公になるのですが、そのとき、神さまの力をすべて剝奪され、普通の人間の少年として人間界に放りこまれます。

　さて、明治以降、言文一致になったのではないかという人もいるでしょうが、日本語の場合、三人称小説の地の文と会話の文は違います。遠い未来、地の文と会話の文が英語くらい近くなることがあるのかどうか、さて、どうでしょうね。

常体と敬体の狭間で

　今回は政治がらみの英語を題材に、常体と敬体について考えてみましょう。

　まずは、キング牧師に関する英語から。

　大学３年生のとき、カート・ヴォネガット Jr. の作品が好きだったので、マーク・トウェインの研究家で作品も訳していらっしゃる大久保博先生に、「来年、卒論でカート・ヴォネガット Jr. やりたいんですけど、指導お願いできますか」とたずねたところ、「お、いいね。ちょうどヴォネガットの作品をちゃんと読もうと思っていたところなんだ」といわれました。そして翌年の４月、卒論の指導教員の欄にその名前を書いて事務課に持っていったら、「体調がよろしくなくて、今年度はお休みなんだよ」との返事。あわてて履修要項を読み直し、児童書の翻訳をなさっていた犬飼和雄先生にお願いすることにしました。扱う作家もヴォネガットから、いきなりル＝グインに。妙なことに、これがきっかけで翻訳をすることになったのですが、そのあたりのことは『翻訳家じゃなくてカレー屋になるはずだった』というエッセイ集に書いたので省略します。

　それはともかく、卒論を書きそこねたカート・ヴォネガット

Jr. なのですが、あるとき、ふと気がついたら『タイタンの妖女』や『スローターハウス 5』などの著者表記が「カート・ヴォネガット」になっていました。Jr. がなくなっている！　そう、お父さんが亡くなったのです。

　アメリカでは父親が自分の名前をそのまま息子につけることがあります（イギリスではあまりきかないけど、あるんでしょうね、きっと）。そういう場合は、息子の名前に Jr. をつけます。ちなみに、祖父、父、自分と 3 代そろって同じ名前のこともあって、その場合、senior、junior、third となるようです。それはともかく、Jr. をネタにしたエッセイは何度か読んだことがあります。自分に送られてきた手紙を父親が読んで……というやつです。友だちや仲間は、「おい、カート」とか呼ぶわけで、「ヴォネガット Jr.」とか呼ぶことはまずない、そうすると手紙を出すときはつい Jr. を付け忘れる、その結果、父親がそれを読んでしまうという、そんな内容です。その手のエッセイは、父親が死んで、悲しいけど、ほっとしたという結びになっています。

　こんなことを思い出したのは、*TIME* 誌の 2019 年 1 月 28 日号に King's Other Legacy というエッセイが載っていたからです。筆者はベトナム系アメリカ人作家 Viet Thanh Nguyen。

　その最初の部分を訳してみましょうか。

Most Americans remember Martin Luther King Jr. for his dream of what this country could be, a nation where his children would "not be judged by the color of their skin but by the content of their character."

Martin Luther King Jr. は、やはり「マーティン・ルーサー・

キング Jr.」と訳してほしいところです。そう、キング牧師はいまでも Martin Luther King Jr. のままなのです。彼が死去したのが1968 年。お父さんは存命中に、息子が白人の凶弾に倒れるという悲劇を経験したわけで、そのときの気持ちを思うと、胸が痛くなります。日本ではほとんどの人が「マーティン・ルーサー・キング」と表記しますが、英語表記ではまず、Martin Luther King Jr. です。キング牧師にそえられた Jr. は日本語でも訳したいと思います。

訳 例

　ほとんどのアメリカ人は、マーティン・ルーサー・キング Jr. といえば、夢を語った演説を思い出す。アメリカがどんな国になれるか、自分の子どもたちが「肌の色ではなく、人そのもので評価される」国になってほしいという演説だ。

　ポイントは、最初のほうで書いたように、なるべく「ひっくり返さないように」訳すことです。次のように訳さないほうがいいと思います。「ほとんどのアメリカ人は、マーティン・ルーサー・キング Jr. を、アメリカがどんな国になれるか、自分の子どもたちが「肌の色ではなく、人そのもので評価される」国になってほしいという夢の演説で記憶している」
　ついでに、その続きも訳してみましょう。

While those words from 1963 are necessary, his speech "Beyond Vietnam," from 1967, is actually the more insightful one. It is also a much more dangerous and disturbing speech, which is why far fewer Americans have heard of it. And yet it is the speech that we needed to hear then — and need to hear today.

necessary、insightful といった単語を、必要な、洞察力に富む、などの日本語に訳せば、もちろん意味は通じるのですが、いまひとつぴったりこないような気がしませんか。which は、前文を受けています。あと、and yet は要注意。たまに間違える人がいます。

訳 例

　1963 年のこの言葉はいまでも忘れてはならないが、1967 年の「ベトナムを超えて」という演説はこれよりもさらに深いところをえぐっている。そして、ずっと危険で、聞く人を不安にさせる。この演説をきいたアメリカ人がはるかに少ないのはそのせいだ。しかし、これこそ、われわれが当時も、そして今日も耳を傾けるべきものなのだ。

　"King's Other Legacy" というエッセイの最初の段落、どうでしたか。細かいところはともかく、大体の意味が読み取れていれば、かなり実力があるといっていいでしょう。しかし、よくわからなかったからといって、それほどがっかりすることはありません。というのは、こういう文章を読み慣れているかどうかということもあるからです。政治的、社会的なことに関心があって、その手の英語を日常的に読んでいる人にとって、文学作品の文章が読みづらいのと同じです。ただ、翻訳家を目指す人なら、こういう文章もときどき読んで慣れておいたほうがいいのはいうまでもありません。
　さて、Viet Thanh Nguyen のエッセイをここまで読んでくると、

その元になっているキング牧師の演説って、どんなものだったのかと気になってきます。この演説の英語のテキストは WEB 上からいくつか拾うことができます。しかし、キング牧師の有名な演説なのだから日本語訳があるかと思ったのですが、みつかりませんでした。

　この演説はニューヨークシティにあるリヴァーサイド教会で行われたもので、最初、「この場でお話しできることはじつに名誉なことであり……」というふうな前置きから始まって、こう続きます。

　訳してみてください。

I come to this great magnificent house of worship tonight because my conscience leaves me no other choice. I join you in this meeting because I am in deepest agreement with the aims and work of the organization that brought us together, Clergy and Laymen Concerned About Vietnam.

　最初の 1 文ですが、「わたしがこの偉大なる信仰の家に今夜やってきたのは、わたしの良心がそれ以外の選択肢を許さなかったからです」でもいいのですが、ちょっと固いような気がします。ほかに訳しようはないでしょうか。

訳　例

　わたしはこの偉大なる信仰の家に今夜、良心に導かれるがままにやってきました。この集会に参加しているのは、この組織の目的と運動に心から賛同しているからです。そう、われわれをここに集めた「ベトナムのことを憂いている聖職者と信徒の会」の目

的と運動に。

　演説は次のように続きます。

The recent statements of your executive committee are the sentiments of my own heart, and I found myself in full accord when I read its opening lines: "A time comes when silence is betrayal." That time has come for us in relation to Vietnam.

訳 例

　最近、この実行委員会の出した声明は、わたし自身の気持ちをそのまま代弁してくれています。そして書き出しの部分には心から賛同します。「沈黙が裏切りになる時がやってきた。」まさにわれわれにとって、その時がやってきたのです。ベトナムとの関係において。

　ここでちょっと休憩しましょう。

　この演説を翻訳講座で使っていたのですが、しばらくしてその受講者のひとり（他大学の院生）からこんなメールがきました。

　先週の大学院の授業の際に、院の先生がちょうどキング牧師の"Beyond Vietnam"のスピーチについて言及されたので、いま翻訳に挑戦しているけれど難しいという話をしたところ、「わたし、前にそのスピーチについて『原典アメリカ史』に書いて、部分訳もしたわよ。岩波書店の「世界」って雑誌にも訳が載ってるよ」と教えてくださいました。スピーチが行われたのが1967年4月で、同じ年の10月号には翻訳されて日本の雑誌に掲載されてい

たんだと知って正直驚いたと同時に、ちょっと興奮したのでみなさんに共有させていただきました！

　早速、「世界」のその号を大学の図書館で借りてきました。開いてみると「ベトナムを超えて　M・L・キング」というタイトルで、訳は「編集部」とあります。

　1967年といえば、東京オリンピックの3年後、もちろんメールもなければファックスもなかった時代です。4月4日に行われた演説の原稿か、演説を録音して文字おこししたものがアメリカの雑誌か新聞に掲載され、それを入手して岩波の編集部が訳したのでしょう。もしかしたら演説を録音したテープを入手してそれを翻訳したという可能性もなくはないでしょうが、可能性は低いと思います。この演説が掲載された雑誌が10月号ということは、発売は9月で、原稿の入稿は8月、翻訳は7月くらいから始めたのでしょうか。いつ、どんな形で演説の内容を入手したのかは不明ですが、当時の状況を考えれば、ずいぶん早い時期に翻訳紹介されたものです（さすが翻訳大国、日本。いや、さすが岩波書店）。

　そしてその冒頭の解説がまたすばらしいので、紹介しておきます。

　去る四月一五日、公民権運動の指導者M・L・キング師らの呼びかけに応え、全米各地でベトナム戦争反対の大規模なデモ・集会がおこなわれた。ニューヨーク市では参加者は一二万五千人にのぼり、史上空前の規模といわれた。キング師はこれに先立つ四月四日、ニューヨーク市のリヴァーサイド教会で、アメリカ政府を"史上最大の暴力の下手人"と断罪し、公民権運動とベトナム反戦運動との"平行闘争"を訴えた。このアピールの反響は大き

く、『ニューヨーク・タイムズ』紙もただちに「キングの誤ち」という表題の社説をかかげて非難の声をあげたほどである。

　実際、この時代、このような演説をするのがいかに危険で勇気のいることだったか、それについて、黒崎真の『マーティン・ルーサー・キング――非暴力の闘士』（岩波新書）にも次のように書かれています。

　反戦演説直後から、キングは非難の集中砲火にさらされる。一部の賞賛を除き、リベラル有力紙すらキング非難の列に加わった。キングの反戦演説を、『ワシントン・ポスト』紙は「辛辣で有害な主張や推論」とし、過去のキング支持者は「今後かつてのような信頼を寄せることは決してない」と書いた。『ニューヨーク・タイムズ』紙は「公民権と平和の運動は決して結びつかない」と突き放し、『ライフ』誌は「扇動的中傷」と断じた。
　黒人有力紙や黒人有力指導者も冷淡に反応する。

　さて、このキング牧師の演説ですが、さっき原文を載せた部分の「世界」訳を紹介しましょう。

　私が今夜この壮大な教会堂に来たのは、私の良心がこれ以外の選択を許さなかったからである。私はこの会合を主催した「聖俗共同のベトナム対策委員会」の組織の目的と活動に深い共感をいだいている故にこそ私はこの会合で諸君に相まみえたのである。この組織の実行委員会が発した最近の宣言書はそのまま私の胸の気持ちと同じであり、その冒頭の「今や沈黙は裏切りに他ならぬような時期となった」という一句に私が心の底から共感するとこ

ろである。事実ベトナムに関しては既にこのような時期が来たのである。

　いまから50年以上も前の訳なので、その頃の翻訳作法に従って、後ろからひっくり返しながら訳すのはいいとして、気になるのは、演説の文体です。多くの参加者を相手に、こんな調子で話しかけたんだろうかと感じた人も少なくないと思います。手前味噌になってしまいますが、さっきの試訳のほうがずっとキング牧師の気持ちにも合っているし、それをきいた人々の気持ちにも合っているような気がしませんか。

　と、ここまで書いてきて、ふと思い出したのは、1960年代の日本の街頭演説や学生運動のアジ演説の口調でした。そういえば、ぼくが高校時代から大学時代にかけては、この「世界」訳のような口調をよく耳にしました。この時代、こういう「語り」が流行っていたのです。これは70年代まで続いたと思います。

　そこでアメリカンセンター JAPAN の大統領の就任演説の日本語訳をさがしてみました。すると、61年のジョン・F・ケネディの就任演説の最初の部分の訳はこうでした。

　今日われわれは、政党の勝利を祝っているのではなく、自由の祝典を執り行っている。これは、始まりと同時に終わりを象徴するものであり、変化とともに再生を意味するものである。なぜなら、私は、1世紀 と4分の3世紀近く前にわれわれの先達たちが定めたものと同じ荘厳な誓いの言葉を、皆さんと全能の神の前で誓ったからである。

　これに対し、2009年のオバマ大統領の就任演説の訳はこうなっ

ています。

　私は今日、私たちの目の前にある職務に対して謙虚な気持ちを抱き、皆さんからの信頼に感謝し、先人が払った犠牲を心に刻んで、この場所に立っています。私は、ブッシュ大統領の国家に対する貢献、そして政権移行期間に示していただいた寛容さと協力に感謝します。

　ケネディ大統領の演説の翻訳は常体、オバマ大統領の演説の翻訳は敬体なのです。あの傲岸不遜にみえるトランプ大統領の就任演説さえ、ハフポスト（アメリカのオンラインメディア）は敬体で訳していて、「私たちアメリカ国民は今、すばらしい国家的な努力に参加し、国を再建して、すべての人のために約束を果たします。」といった調子です。

　これら 3 人の大統領の演説の英語の文体はそれほどの違いはありません。つまり、敬体で訳すか常体で訳すかは訳者次第ということです。

　これは翻訳を考えるうえでとても大きな問題です。というか、とても面白い問題です。まさに訳者の言葉の感性が問われるのですから。その端的な例が、今回のキング牧師の演説なのです。これを常体で訳すか、敬体で訳すか。さて、どうしましょう。

　演説というのは聴衆を相手に話すわけですから、基本は敬体です。

　ですから、この演説だけを取りだして、1967 年にキング牧師はこんな演説をしたのですよ、という感じで訳すとしたら、敬体でしょう。ただ、60 年代、公民権運動やベトナム戦争をめぐって激しい闘争が繰り広げられ、アメリカの「不信の時代」と呼ばれた時代を背景に、その渦中にいた人々をリアルに描いた作品で

あれば、強い調子の常体のほうがいいかもしれません。

　さて、考えてみてください。

　というわけで、「ベトナムを超えて」というキング牧師の演説から、最後にもうひとつ訳してみましょうか。

Perhaps a more tragic recognition of reality took place when it became clear to me that the war was doing far more than devastating the hopes of the poor at home. It was sending their sons and their brothers and their husbands to fight and to die in extraordinarily high proportions relative to the rest of the population. We were taking the black young men who had been crippled by our society and sending them eight thousand miles away to guarantee liberties in Southeast Asia which they had not found in southwest Georgia and East Harlem.

訳　例

　おそらく、さらに悲しい現実認識が生まれたのは、この戦争はアメリカの貧しい人々の希望を打ち砕くだけではないことがはっきりみえたときです。この戦争は、貧しい人々の息子や兄弟や夫を戦いに送りこみ、ほかの人々とは比べものにならないくらい高い割合で死亡させてきました。われわれはこの社会で差別されている黒人の若者たちを、8千マイルも離れた戦場に送りこんできたのです。それは東南アジアに自由を保障するためでしたが、その自由はジョージア州の南西部やイースト・ハーレムでは彼らに保障されていなかったのです。

このあと、キング牧師の演説は、このままだとアメリカが野蛮な戦争を中南米やアジアで、これからもくり返すことになるだろうと予言し、そうならざるをえないアメリカの社会構造を批判していきます。それこそ、*TIME* 誌のエッセイを書いた **Viet Thanh Nguyen** の訴えたかったことなのです。どうぞ、この演説、ぜひ最後まで読んでみてください。**WEB** 上から拾えますし、録音も残っています。そして *TIME* 誌のこの記事も。

　さて、蛇足です。

　2021 年 **1** 月 **20** 日、バイデン大統領の就任演説が行われ、日本でも各新聞社がその全文を載せました。このとき何紙かの訳文をくらべてみた方はいらっしゃるでしょうか。ぼくは常体で訳されているか敬体で訳されているかが気になったので、そこのところだけざっと調べてみました。

「引用というやっかいな問題」（**85** ページ）でも引用する朝日新聞の「池上彰の新聞ななめ読み」でも、この問題が取り上げられています。

　新聞各紙を読み比べると、バイデン大統領の言葉を「です、ます」調で訳すか、「である」調で訳すかによって、イメージが違ってくることがわかります。

　朝日新聞は敬体、読売新聞と日本経済新聞と毎日新聞は常体。ただし **BBC NEWS JAPAN** は敬体。

　大統領の就任演説、なぜ常体で訳しているところと敬体で訳しているところがあるのでしょう。

　さらに、そのまえのトランプ大統領のときの就任演説は、朝日新聞と毎日新聞が敬体で、日本経済新聞と読売新聞が常体でした。毎日新聞がバイデン大統領就任演説を常体で訳しているのが不思

■柴田元幸 編・訳・註■
英語の小説を原文で読んで「わかる」楽しさは格別!

英文精読教室
古典から現代まで、最高の物語を
丁寧な注釈と信頼できる訳文で味わう新シリーズ。

■シリーズ新刊■
[第3巻] 口語を聴く
A5判 206頁／■2,200円／978-4-327-09903-9

[第4巻] 性差を考える
A5判 260頁／■2,420円／978-4-327-09904-6

■シリーズ既刊■重版出来
[第1巻] 物語を楽しむ
A5判 258頁／■2,420円／978-4-327-09901-5

[第2巻] 他人になってみる
A5判 246頁／■2,420円／978-4-327-09902-2

■重版出来■【北村一真 著】
探偵のごとく細かい所にも集中して英語を読み解く

英文解体新書2
シャーロック・ホームズから始める英文解釈
A5判 272頁／■2,420円／978-4-327-45299-5

構文把握力のアップにホームズ英語は最適! 中・上級の英文解釈力
を鍛えます。ホームズ英語のあとには、他の19世紀の作品にも挑戦。

■大増刷!■「もっと上」を目ざす人のための英文解釈参考書

英文解体新書
構造と論理を読み解く英文解釈
A5判 284頁／■2,420円／978-4-327-45292-6

■重版出来■ご要望にお応えして新装版として復刊

〈新装版〉英文読解のナビゲーター
奥井 潔〔著〕
A5判 200頁＋別冊40頁／■2,200円／978-4-327-76493-7

駿台カリスマ講師の名講義を再現した代表作。ご要望に応えて
新装版で復刊!質の高い英文素材で一生の財産となる英語を学ぶ。

議ですね。バイデン、トランプと並べると、どう考えても逆のほうがイメージに合っているような気がします。

それはさておき、大統領就任演説はどちらの文体で訳すべきなのでしょう。

『日本の歴史的演説』という 3 枚組の CD があります。「政治家・大正時代編」では、大隈重信、尾崎行雄、渋沢栄一ほか 5 名。「政治家・昭和戦前編」では、浜口雄幸、鳩山一郎、近衛文麿ほか、7 名。「軍人編」では東郷平八郎、米内光政、東条英機ほか 7 名。合計 28 名の演説の録音がきけるのですが、ほとんどの人が敬体で話しています。常体で語っているのはせいぜい 5 名程度です。

ただ、多くの演説者は聴衆に対して、「諸君」と呼びかけていて、人によっては、「……であるのだが……ともいえなくもなく……だ、といっていいのでしょう」というふうに、途中は常体風で、最後だけ敬体でしめるというスタイルがかなりあります。が、これもどちらかというと敬体でしょう。

また、『1945 〜 2015　総理の演説　所信表明・施政方針演説の中の戦後史』（田勢康弘・監修）という本があります。戦後の 33 人の演説を集めたものですが、全員、敬体で語っています。

こういう日本語の伝統に則れば、アメリカ大統領の演説も敬体でいいような気がします。たとえば、バイデン大統領就任演説の動画に字幕をつけるとすると、やはり敬体でないと不自然でしょう。TBS NEWS の動画の同時通訳は敬体です。聴衆に話しかけているのですから。

ぼくも図書館やイベントで話すときは、普通、敬体です。というか、ほとんどの人がそうでしょう。なぜ、アメリカ大統領の演説を常体で訳すのか、不思議です。書き言葉と話し言葉がかなり違う日本語ならではの問題ですね。

日本語ならではの問題と書いたついでに、朝日新聞の池上彰の記事から、気になる部分を引用しておきましょう。

　あなたはどの訳文が好きですか。バイデン大統領の人柄をほうふつとさせるのは、朝日の訳文でしょう。優しい口調になっているからです。でも、なんだか校長先生が生徒に話しているようなイメージもあります。
　読売は「である」調を採用したことで格調高くなりましたが、「考慮されたのだ」という表現はこなれていない印象です。

　内容はまったく変わらないのに、敬体か常体かによってイメージだけでなく、ときには伝わる内容まで変わりかねない日本語って、不思議だと思いませんか。
　敬体と常体、話し言葉と書き言葉、やっかいで面倒です。しかし、やっかいで面倒なものほど愛しいという人もいます。あなたは、どちらですか。

固有名詞という落とし穴

　翻訳というのは元来、面倒なもので、なかなか一筋縄ではいきません。たとえば、意外に思われるかもしれませんが、その最たるもののひとつが固有名詞。え、なんで？　現地語読みにすればいいんじゃない？　という声がきこえてきそうですが、たとえば、**Franklin Roosevelt**、どう訳します？　「フランクリン・ルーズベルト」と訳した人は、翻訳家としては失格です。現在、高校の世界史の教科書では、「フランクリン・ローズベルト」となっていますし、歴史関係の本ではほとんどがこうなっています。この発音が正しいからです。ところが、いまでも大手新聞の表記は「ルーズベルト」のまま。そろそろ正しい表記にしろよ、といいたくなります。

『翻訳家じゃなくてカレー屋になるはずだった』というエッセイ集でも書いたのですが、これはなかなか根深い問題なのです。

『翻訳の世界』という雑誌が昔あって、そこで「欠陥翻訳時評」という名エッセイを連載していらっしゃった別宮貞徳先生が「意外と思われるかもしれないが、翻訳でなにがやっかいといって、固有名詞ほどやっかいなものはない」という内容のことを書いています。これは発音を間違えて表記するという単純な例にとどま

りません。たとえば、日本語に訳す場合、ほとんどの固有名詞は現地の発音に従うということになっています。英語圏では「チャールズ・ボイヤー」と呼ばれる往年のフランスの名映画俳優は、日本語ではもちろんフランス語の発音に準じて「シャルル・ボワイエ」と表記されます。そして英語で「ベニス」と発音されるイタリアの観光名所は「ヴェネチア」と表記されるのです……が、悪徳高利貸しシャイロックの登場するシェイクスピアの芝居はいつまでも『ベニスの商人』のままです。このあたり、なかなか一筋縄ではいかない。

　しかしそれ以前の問題として、明らかな間違いもあります。アメリカ第40代大統領の「リーガン」がすぐに「レーガン」に訂正されたのは例外で、誤った発音が定着することのほうが多いのです。たとえば「ルーズベルト」は「ローズベルト」（あるいは「ローザベルト」）だし、「アーカンサス州」は「アーカンソー州」が正しい。もっとも、これらふたつの固有名詞、最近やっと正しく表記されるようになってきて、めでたい。

　余談になるのですが、発音の表記の間違いではないけれど、面白い間違いに「聖林」というのがあります。これは昔の日本で、外国の地名や人名を漢字で表記していた時代に生まれたものなのですが、「ハリウッド」と読みます。こう表記した人はHolywoodと読み誤って、こう書いたのでしょうが、よくみると、ハリウッドはHollywoodですね。なので漢字で表記するとすれば「柊林」が正しい。

　さらに余談になるのですが、こういう外国の地名の漢字表記はかつては頻繁に行われていて、このなかには中国語表記と日本語表記の両方があります。そして共通のものとそうでないものとがあって、これが面白い。たとえばボンベイ（現在のムンバイ）や

ギリシアやローマは日中共通で、それぞれ「孟買」「希臘」「羅馬」。またロンドンも同じで、「倫敦」。しかし微妙に違う表記もあって、イングランドは「英格蘭」（中）・「英蘭」（日）、フランスは「法蘭西」（中）・「仏蘭西」（日）、ニューヨークは「紐約」（中）・「紐育」（日）。ほかにも日本での「喜望峰」は中国では「好望角」。あと、日本ならではの表記に「剣橋」というイギリスの地名もあります。いったいだれが考えたんでしょう。

　最近、明治時代に書かれた本を読むことが多いのですが、ヨーロッパの人名の漢字表記もなかなか楽しい。「亜歴山」（アレキサンダー）、「査理」（チャールズ）、「依利薩伯」（エリザベス）、「魯濱孫」（ロビンソン）などなど。

　閑話休題。まあ、こういったマニアックな話はこのへんにしておきますが、もともと翻訳に誤訳はつきもので（なにしろ、「翻訳者は裏切り者」ということわざもあるくらい）、とくに固有名詞の発音をすべて間違えずに表記することはむずかしいのです。

　たとえば、『イルカの歌』（白水社）でもひやっとしました。じつはこの本、あとは印刷を待つばかりというとき、理論社から『ビリー・ジョーの大地』という同じ作者の本の宣伝をみたのです。なんと、作者名「カレン・ヘッセ」。こちらは「カレン・ヘス」という表記。あわててエージェンシー（著作権代理店）に電話して、向こうの編集者に確かめてもらったところ、「ヘス」とのこと。すぐに理論社に電話をして訂正してもらいました。

　あとびっくりしたのが、『ゼブラ』（青山出版社）（023ページ参照）の作者。この短編集のなかの一編が、光村図書出版の中学国語の教科書に載っているのですが、作者のスペリングは Chaim Potok。なにも考えず「チャイム・ポトク」と書いたら、光村の編集者から連絡があって、「ハイム」ではないかとのこと。すぐ

にアメリカの出版社に問い合わせてもらったら、「ハイム」とのこと。危ないところでした。

そういえば、『不思議を売る男』の作者 Geraldine McCaughrean、最初は「ジェラルディン・マコーリアン」と表記していたのですが、その後、間違いとわかり、「ジェラルディン・マコックラン」に訂正しました。

とにかく、固有名詞ではいつも冷や冷やします。

じつはぼくが初めて訳した児童書『さよならピンコー』、作者を「コリン・シール」と書いたのですが、のちに「コリン・ティーレ」だということが判明。というか、なにも知らない英語圏の人々はおそらく「コリン・シール」と発音していると思います。なにしろスペリングは Colin Thiele なのですから。にもかかわらず、ドイツ系オーストラリア人である本人は「コリン・ティーレ」と読んでほしいと主張しているらしいのです。なら、そうすべきですね。

しかし、クリストファー・コロンブスは英語読みだから、スペイン名のクリストバル・コロンにしたほうがいいんじゃないか、いや、彼はイタリアのジェノバ出身だから、クリストフォロ・コロンボだろうなどという議論が持ち上がると、もうどうしようもありません。固有名詞は現地語読みが原則だからといって、いまさらアンデルセンをアナスンにするのもどうかと思うし（だけど、いったいだれが、「アンデルセン」なんて訳したんだ!? 英語読みなら「アンダースン」だろう。いったいこれは、何語読みなんだ!?）。とはいえ、トーマス・マンの『ベニスに死す』の新訳は『ヴェネツィアに死す』（光文社古典新訳文庫）になっています。

ともあれ、これからの翻訳家にお願いしたいのは、固有名詞の訳は現地語読みに徹してほしいということです。それからもうひ

とつ、現存の、いや、ご存命の作家やアーティストや音楽家やスポーツ選手、その他の人々の名前の発音に関しては、本人か、エージェンシーか、身近な人の（自分じゃなくて、作家の）確認を取ってほしいと思います。

2018年のこと、京都で毎年開催されている「KYOTOGRAPHIE 京都国際写真祭」第6回のカタログをみて、すぐに関係者に次のメールをしました。

「ブラックパンサー党の写真を撮ってる Stephen Shames、ステファン・シェイムスになってるけど、スティーヴン・シェイムズだよ」。

するとすぐに返事がきて、「ご指摘ありがとうございます。本件、私もそう思って確認しました。フランス人のディレクターが昨年11月、本人に会った際に直接確認したら（いつも Skype などで必ず作家に直接確認しています）、作家本人がステファンといったそうで、それでステファンとなったという背景があるのだそうです」とのこと。ただし、そのあと追伸のメールがきて、「おそらくスティーヴン・シェイムズが正しいのです。『YouTube ではスティーヴンと言ってる』との指摘もあります。スティーヴンが、フランス人のディレクターに気を遣って『ステファン』といったのかもしれません」とのこと。

なるほど。Stephen はフランス語読みするとステファンだからか。

こんなことを考えていて思い出したのは、ネイティヴ・アメリカンの作家ジュマーク・ハイウォーターが来日したときのことです。彼の名前自体、Jamake Highwater で、普通に読めば「ジャメイク・ハイウォーター」なのですが、作者からの手紙に「ジュマーク・ハイウォーター」としっかり書かれていました。間違え

る人が多いからでしょう。

　彼がアメリカ大使館主催の朗読会で、ぼくの訳した『アンパオ—太陽と月と大地の物語』（*Anpao: An American Indian Odyssey*）を朗読してくれるというので、前もって打ち合わせをしたのですが、ハイウォーターは、タイトルでもあり、主人公の名前でもある **Anpao** を「アンペイオウ」と発音しているのです。日本語訳では、「アンパオ」で、天邪鬼の弟（**Oapna**）は「オパンア」にしてある。まずい。というわけで、ジュマークに相談したところ、「アンパオでもいいよ。そう読む人もアメリカにいるし」といってくれて、朗読会でも「アンパオ」と読んでくれました。自分でいうのもなんですが、なかなかいい作品なのです。いまは絶版なのですが、復刊することになったら、さて、「アンペイオウ」「ウオイペンア」にするべきか、このままにすべきか、ちょっと迷います。

　話をもどしましょう。作者や、作品の主要人物の読み方について、少しでも不安があるときには、作者に問い合わせてください。作者もきっと喜ぶはずです。名前を読み間違えられるのは、だれでもいやなものです。

　それにしても、京都国際写真祭のスタッフはとても優秀です。その後、こんなメールをもらいました。

　来年からは、スカイプに加え、メールで発音記号を確認しよう、ということで落ち着きました。

　また、名前でいうともうひとつの課題は「・」問題です。

　毎年銀座のシャネルネクサスホールから展示が巡回するのですが、シャネルの統一表記では、日本語では、**First Name** と **Family Name** の間に「・」を入れません。気になって個人的に

調べたのですが、この統一表記は、シャネルの化粧品からファッションまで、全てにおいて人名は「・」ではなく「半角アキ」表記で統一されています。

なので、去年、**KYOTOGRAPHIE** の印刷物では作家名が記載される場合は「ロバート・メイプルソープ」と表記しましたが、展示名は、巡回展である以上、「ロバート メイプルソープ写真展」と、シャネル統一表記のままでいくことになりました。

シャネルと確認し合って、それぞれの統一表記を使用しているのですが、この冬、オリンピックを見てて、オリンピックのオフィシャルのテレビ放映では「アリーナ ザギトワ」となっていて、あれっ？　と思い、「・」が入ってないことに気がつきました。

今後どちらがスタンダード（標準というよりは主流）になってくるんだろう、と気をつけています。

これを読んで、そういえば **Amazon** の著者名の表記は「・」じゃなくて半角空けが多いことに気づいた方も多いでしょう。そう遠くない未来、日本語での表記もこちらが多くなる可能性はおおいにあります。ぼくもこれにヒントを得て、黒人音楽の長い歴史を絵本にした『リズムがみえる』(*i see the rhythm*)［ピーター・バラカンさんの監修］で、これを採用しました。横書きの場合、「・」がうるさく感じられるようになったからです。ただの「半角アキ」を「・」に訳すのは大げさすぎると思いませんか。そもそも、いつ頃からこの訳が定着したのでしょう。

2021 年末に出版される予定のサマセット・モームの長編小説『人間の絆』では、「・」（全角）ではなく、「·」（半角）を使う予定です。

ともあれ、京都国際写真祭のこの徹底した態度は、われわれ翻

訳家も、翻訳家を目指す人たちも見習うべきだと思います。

　また、実際の翻訳のとき、原書のオーディオブックがあれば、ぜひ購入してください。作品中の固有名詞の発音がわかるからです。とくにファンタジーだと、辞書にも web にも載っていない名前や地名が次々に出てきます。そんなときに便利なのがオーディオブック！

　ただし鵜呑みにしてはいけません。というのも、作者が朗読している場合は別ですが、朗読している人が必ず正しい読み方をしているとは限らないからです。作者もいちいちチェックしてないでしょうし。ときどき、シリーズものだと、怖ろしいことに、1巻目と2巻目の朗読者が違っていて、固有名詞の発音も違っていたりする例もあります。そのうえ、もし6巻か7巻あたりで、その名前の発音がファンタジーの大きな謎の鍵になっていたら……考えるだけで、怖ろしい！

　しかし、オーディオブックは役に立ちます。ききながら、なるべくひっくり返さないように訳す練習にも使えるし。

引用という
やっかいな問題

　朝日新聞のバイデン大統領就任演説に関する「池上彰の新聞な
なめ読み」の記事から。

　アメリカはキリスト教が盛んな国だと実感するのは、大統領が
ほぼ必ず聖書の一節を引用するからです。朝日訳です。

　〈聖書にあるように、嘆き悲しむことが一晩続くかもしれませ
んが、次の朝になれば喜びが来ます〉

　ところが、読売訳はこうなっています。〈夕べは涙のうちに過
ごしても、朝には喜びの歌がある〉

　これは聖書協会共同訳『旧約聖書』詩編 30 章からの引用です。
朝日も別稿で紹介していますが、やはり演説の日本語訳に聖書の
言葉をそのまま盛り込みたいところ。演説のニュアンスが素直に
伝わります。

　それにしても、日本の総理の演説との格調の差は、どうにかな
らないものでしょうか。

　最後の 2 行は厳しいですね。『総理の演説』の監修者、田勢康
弘もあとがきでこう書いています。

新聞の社説と「演説」は「床の間の天井」のようなものである
と昔から言う。なければ格好がつかないが、普段はだれも見向き
もしない。（中略）六四本の演説を読み返してみた。本音という
ものが微塵も感じられないもの、といったら、総理大臣の演説は
その最たるものだろう。

　さて、ここでは引用について考えてみましょう。
　ぼくの大好きなアメリカのヤングアダルト作家のひとりがジョ
ン・グリーンです。アメリカのヤングアダルト小説の流れを大き
く変えた作家で、『さよならを待つふたりのために』が大ヒット、
新作は『どこまでも亀』です。
　Natalie Robehmed が 2014 年に *Forbes* に書いた、"The Rise
of Young Adult Authors on the Celebrity 100 List" の冒頭の部分
を引用してみましょう。

Young Adult authors John Green and Veronica Roth, newcomers
on this year's Celebrity 100 list, sold approximately 8.5 million
copies combined in 2013. Green's *The Fault in Our Stars*
propelled him to an estimated $9 million in yearly earnings,
while Roth's *Divergent* trilogy earned her around $17
million.

　数字の羅列なので、訳すまでもないでしょう。
　ヴェロニカ・ロスが近未来 SF のエンタテインメントを書くの
に対し、ジョン・グリーンはとても文学志向の強いリアリズム小
説を書きます。それはデビュー作の『アラスカを追いかけて』か
ら一貫しています。『どこまでも亀』ではその傾向がさらに強く、

シャーロット・ブロンテ、トニ・モリスン、ウィリアム・ジェイムズ、J・D・サリンジャー、ロバート・フロースト、e・e・カミングズなどのほか、シェイクスピアの『テンペスト』からの引用が10箇所くらいあります。こんな文学文学した本を本当にアメリカの若者たちが面白がって読んでいるのか、不思議なのですが、『ニューヨーク・タイムズ』紙の2019年11月のベストセラー紹介のYoung Adult Hardcover（10位までのリスト）の5位に入っていて（54 weeks on the list）とあります。へえ、アメリカの若者、文学、読むんじゃんと思った人も多いでしょう。

　さて、引用の多い作品は調べるのが大変です。ぼくが翻訳を始めたのは30年以上前ですが、日本の図書館、ブリティッシュ・カウンシル、アメリカンセンターJAPANなどでよく調べ物をしたものです。ときには大使館の観光課にもいきました。しかし、この頃ではほとんどインターネット検索で解決します。この便利さたるや驚異的です。たとえば、**John Green, *Looking for Alaska***（ジョン・グリーン『アラスカを追いかけて』）からひとつ問題を。次の英文のI think以下を訳してください。

"Sleep tight, ya morons." ―J. D. SALINGER

　I think this is good-bye, my friends, although, then again: No one ever says good-bye unless they want to see you again.

　最初の引用文なんか、このまま打ちこんで検索すれば、すぐに出典が出てくるので訳例は省きます。翻訳もずいぶん楽になりました。"then again"は「その一方で」というふうな意味です。

　これは、さよなら、みんな、という意味だと思うけど、考えてみると、人が、さよならというのは、また会いたいと思っているからだ。

　まん中に "unless" のある文ですが、「相手に会いたいと思わない限り、だれも、さよならとはいわない」という訳もあります。ただ、「ひっくり返さない」（093 ページ）でも書いていますが、前後、なるべくひっくり返さないように訳すなら、訳例のほうかなと思います。

　さて、次の文章はどうでしょう。

"By convention hot, by convention cold, by convention color, but in atoms and void."
―DEMOCRITUS

　これはちょっと難しいかもしれません。デモクリトスの原子論をエピソード的にでも知っている人にとっては簡単なのですが。とりあえず、引用文をそのまま打ちこんで検索してみましょう。似たような文章がいくつかヒットします。たとえば、**"By convention sweet is sweet, bitter is bitter, hot is hot, cold is cold, color is color; but in truth there are only atoms and the void."** 大体の意味はわかるのですが、できればデモクリトスの原典をそのまま日本語に訳した文章がほしいものです。そこで「デモクリトス　暑さ　色　原子」でさがしてみると、その原子論についての解説がいくつかでてきます。それによれば、この英文がいいたいのは、「暑いとか寒いとか、何色だとかいうけど、つきつめると、

原子と空間なんだよな」ということのようです。厳密にいうと、"void" は「空虚」とか「虚空」だそうです。また "convention" は「習慣」でもいいのですが、"general agreement"、つまり「一般的に」くらいでいいと思います。

訳 例

「一般に（われわれはよく）、熱いとか、冷たいとか、何色だとかいったりするが、実際には原子と空間だ」
——デモクリトス

　ちなみに、デモクリトスの著作ですが、タイトルはわかっているものの、ほとんどが断片しか残っていないようで、原典をそのまま日本語に訳したものは（おそらく）存在しません。
　最後にもうひとつ。次の英文の最後の 1 文、My kingdom for an I. を訳してください。

Nothing worked. Even giving in to the thought had only provided a moment's release. I returned to a question Dr. Singh had first asked me years ago, the first time it got this bad: Do you feel like you're a threat to yourself? But which is the threat and which is the self? I wasn't not a threat, but couldn't say to whom or what, the pronouns and objects of the sentence muddied by the abstraction of it all, the words sucked into the non-lingual way down. You're a we. You're a you. You're a she, an it, a they. My kingdom for an I.

主人公の高校生アーザの置かれている状況を簡単に説明しておきましょう。彼女は異常なほどの潔癖症で、いつも中指の先の傷にバンドエイドを貼っていて、ときどきばい菌が入ったのではないかと不安になると、かさぶたの上から親指の爪を突き立てて、血をしぼり出しては貼り直すこともあります。そんな自分を抑えようとする自分がいて、その葛藤に悩みながら、さらに、「細胞単位で考えると、人間の **50** パーセントは微生物、ということは、人間を作っている細胞のうち約半分は自分じゃない」、いったい自分とは何かという不安も抱えています。引用部はそんな気持ちがよく表れているところで、それさえわかっていれば、大意はつかめると思います。（the pronouns and objects of the sentence muddied by the abstraction of it all は、そのままでは日本語にならないので、ちょっと工夫が必要ですが）ざっと訳してみましょう。

　何もうまくいかない。頭に浮かぶ考えに従っても、ほんの一瞬しか楽になれない。何年かまえ、初めてこれが始まったときは、いまと同じくらい具合が悪かった。そのとき、シン先生がわたしにたずねたことを思い出した。自分が自分の脅威だと感じる？でもどっちが脅威で、どっちが自分なんだろう。わたしが脅威でないはずがない。でもそれって、だれに対して、何に対して脅威なのかわからない。「自分が」と「自分の」がごちゃごちゃになって、言葉が非言語の穴に吸いこまれていく。あなたはわたしたち。あなたはあなた。あなたは彼女、あなたはそれ、あなたはみんな。

　そして最後の **1** 行 My kingdom for an I.
　おそらく、わからない人は、いつまでこの文をにらんでいても

わからないと思います。わからなかったら、どうするか。

　そのままパソコンに打ちこんで検索してみてください。シェイクスピアの『リチャード三世』の科白が出てきます。**A horse! A horse! My kingdom for a horse!**（「馬、馬を！　馬を持ってくれば、おれの王国をやる！」）

訳　例

　わたしひとりのわたしを持ってきてくれれば、わたしの王国をあげてもいい。

『リチャード三世』のこの科白はとても有名で、常套句としてよく使われるので、「わたしひとりのわたしがほしい」とさりげなく訳してもいいかもしれません。ただ、訳者としては、訳注でもつけて、「知ってるんだぞ」と威張ってみたいところ。

　昔だと、この1行はこのシェイクスピアの名科白を知らなければ訳せませんでした。英語、英文学の教養がない人には無理だったわけです。ところが、いまではインターネットという心強い味方がいます。知識や教養をインターネットという道具で、代替できる……とまではいえないにしても、補強できる時代になったわけです。便利な道具をいかに使いこなすか、これからの翻訳家にとっての大きな課題です。

　しかし便利にはなったものの、これはどこかからの引用だなとか、有名な言葉のもじりだなとか、気づくかどうかという問題があります。いってみれば勘です。この勘というのは、じつは知識と教養によって養われるものだと思います。

　それはさておき、英語の翻訳をするからには英語の古典的作品のほか、『聖書』、シェイクスピアの作品、ロマン派の詩人の詩、

ギリシア・ローマ神話、『マザーグース』、くらいは教養として読んでおかなくてはならないという人がたまにいるのですが、それは大変です。

　ただし、何もするなといっているわけではありません。『聖書』を最初から最後まですべて読む必要はないし、シェイクスピアの全作品を読む必要はないということです。「聖書物語」とか「シェイクスピア物語」のような、有名な物語やエピソードや言葉を紹介、解説したものは、せめて読んでおいてください。ギリシア・ローマ神話や『マザーグース』についても同じです。作者も、あまり知られていない作品からの引用をする場合はちゃんと出典を明記します。

ひっくり返さない

　最初の訳書を出してからそろそろ35年になります。英語から日本語への翻訳で、絵本や共訳のものもふくめると、訳書はそろそろ600冊。この翻訳人生のなかで最も大切にしてきたことは、「ひっくり返さない」「流れのままに」ということです。

　もちろん、これはぼくがいい出したことではなく、戦後の翻訳文化のなかでいわれ続けたことで、ぼくの師匠の犬飼和雄先生も、師匠ではないけれどマーク・トウェインの研究や翻訳で有名な大久保博先生も繰り返しいってました。すでに知っている人は多いと思いますが、英語の語順をできるだけひっくり返さないように訳しましょうということです。

　なぜか中高の英語教育では、関係代名詞や接続詞の前後をひっくり返して訳すように教えることが多く、これが翻訳のときの足枷になっているのは間違いありません。いえ、英語を読むときの足枷にもなっています。

On a sunny day I met a beautiful girl whose name was Jane.

これを訳せというと、たいがいの学生は「ある晴れた日、私は、その名がジェインである美しい少女に会った」と訳してきます。しかし英語は頭から読んでいくと、「ある晴れた日、美しい少女にあった。その子の名前はジェインだった」と書かれている。だから、そう訳しましょうという、ただそれだけのことをいっているのです。じゃあ、英語の関係代名詞 whose はどこにいったんだ、whose を and her としてしまっていいのかと疑問に思う人もいるでしょう。しかしそれでいいのです。というか、翻訳の場合はこう訳したほうがいいということです。

　接続詞も同じです。たとえば、次の英文を訳してみましょうか。本書の後半「短編を訳してみよう」で取り上げる Angela Johnson の "Starr" という作品からの引用です。

Starr and me rode the bus to the beach and walked along the water until both our stomachs started growling. We sucked down bean and chicken burritos till we couldn't move. Then we watched the show go by.

訳 例

　スターとわたしはバスで海岸までいき、波打ち際を歩いているうちにお腹が鳴ってきた。マメとチキンのブリトーをばくばく食べているうちに動くのがいやになった。そこで前を通っていくショーをながめていた。

　最初の文ですが、until のところはひっくり返して「お腹が鳴りだすまで」と訳したくなりますが、それはやめましょう。英語の流れのままに訳そうとすると、こうなります。スターとわたし

はバスで海岸までいき、波打ち際を歩いているうちにお腹が鳴ってきた。whose が and her と同じなら、until も and と同じです。前と後をつないでいるのです。次の文も、動けなくなるまで食べた、と訳したくなりますが、ばくばく食べているうちに動けなくなった（動くのがいやになった）。そこで、ショーをながめていた、と続きます。そこで（Then）はすぐ前の we couldn't move を受けているのです。sucked down bean and chicken burritos を受けているのではありません。ここを、「動けなくなるまで、bean and chicken burritos を食べた」と訳すと、Then が浮いてしまいます。

　もちろん、英語と日本語は文法構造が違うので、「父はいきました、浅草へ」のような形に訳すと変ですし、たとえば The entrance examination will be on my mind till I know I passed it. は「受かったとわかるまで入試のことが頭から離れないだろう」と訳したほうが自然です。Please flush the toilet after use. も日本語だと「ご使用後は」と after use から訳したくなります。

　余談ですが、てのひらサイズの翻訳機 POKETALK をごぞんじでしょうか。数十の言語を音声で吹きこむと即座に翻訳できるデバイスで、とくに日本語を吹きこんで英語にする機能はなかなかです。使い方のこつさえ覚えれば、高校英語の英作文程度なら 9 割以上訳せますし、一般の翻訳家でも知らないような、たとえば、「腸捻転」という英単語の発音もスペリングもちゃんと教えてくれます。ふと気になって「サイコロを振って、出た目の数を教えてください」と日本語で吹きこんでみました。おそらく、Roll the dice and tell me the number. かなと思っていたら、なんと、Please tell me the number of rolls on the dice. でした。立派！

　それはともかく、できるだけ英語の流れをそのままに訳すよう

心がけてください。頑張れば、案外とひっくり返さずに訳せます。一種のパズルのようなものかもしれません。

　というわけで、いくつかひっくり返してはいけない訳のサンプルをあげておきましょう。

　まず、ごく簡単な例をひとつ。

She was remembering a picture with her late father left on the writing desk beside a vase of wilting gentians. Or prairie gentians. Or balloon flowers.

　これを「彼女は、机のしおれたリンドウの花瓶の横にあった、亡き父と撮った写真を思いだした」と訳すとあとが続きません。次のように訳します。

　彼女は思いだしていた。机の上には亡き父と撮った写真が置かれていて、その横の花瓶にはしおれたリンドウがいけてあった。いや、あれはトルコギキョウだっただろうか。いや、キキョウだったかもしれない。

gentians. Or prairie gentians. Or balloon flowers の３つの花は続いていないと話になりません。

　どうしてもひっくり返さないと訳せないとか、日本語が変になるというとき以外はなるべく原文の流れにそって訳しましょう。
　もうひとつ似たような例を。

The east side of Carlingford Road lay in deep shadow

when Kincaid drew the Midget up to the curb. He rolled up the windows and snapped the soft top shut, then stood for a moment looking up at his building.

　Deborah D. Crombie, *All Shall Be Well*（デボラ・クロンビー『警視の隣人』）からの引用です。

　「キンケイドがミジェットを道路脇にとめたとき、カーリンフォド・ロードの東側はすでに夕刻の濃い影に覆われていた。彼は車の窓を閉めて、柔らかい幌のボタンをとめると、車の横に立って自分の家を見上げた」と訳してはいけません。
　しかし長年、翻訳を教えてきた経験からいうと、100人中99人までがこう訳します。when という接続詞があると、どうしても前後をひっくり返して訳したくなってしまうようです。
　正しくは次の通り。

　カーリンフォド・ロードの東側はすでに夕刻の濃い影に覆われていた。キンケイドはミジェットを道路脇にとめて、車の窓を閉め、柔らかい幌のボタンをとめると、車の横に立って自分の家を見上げた。

　作者の描いているイメージをそのまま追っていくと、「(1) カーリンフォド・ロードの東側。(2) キンケイドが車をとめる。(3) 窓を閉めるなどして車から外に出る」という順番になっています。つまり、カーリンフォド・ロードの東側の描写がまずあって、そのあとはずっとキンケイドを追っているわけです。これを「(2)(1)(3)」の順番で訳すと、その流れが乱れてしまいます。

さて、次の文章はぼくが昔訳した Ann Lawrence, *Summer's End*（アン・ローレンス『幽霊の恋人たち』）からの引用です。

　ベッキーは農場の柵戸に腰かけ、イワツバメがいないかと、すきとおった、うっすら青い秋空をみあげていた。暑い日がつづいているので、イワツバメも旅立つのをおくらせて、この時期でものこっているかもしれないと思ったからだ。
「夏も終わりね。」
　ベッキーはつぶやいた。その言葉にはどこかせつないような響きがあった。なにかにせきたてられて、イワツバメといっしょに、太陽を追いかけて南へ飛んでいってしまいたい、そんな気持ちがこめられていた。
　このあと次のように続きます。

Summer's end. The end of childhood too: this September Lizzie and Jenny had gone back to school in their pinafores and sun bonnets without her.

　情景を思い描きながら、この英文を朗読してみましょう。だれでもきっと "without her" の前で一呼吸置くと思います。この段落のしめくくりの "without her" は、とてもうまく主人公ベッキーの気持ちを表していて、とても効果的です。だからここは、こんなふうに訳したいところです。

　夏の終わり。それは子どもでいられた日々の終わりでもあった。九月になって学校が（新しい学年が）はじまり、リジーとジェニーはエプロンドレスを着て日よけの帽子をかぶり、また学校にか

よっている。でも、ベッキーはいかない。

　同じような例をもうひとつ。
　じつは昔、板橋区が主催する絵本翻訳コンテスト「いたばし国際絵本翻訳大賞」の審査員をしていたときのこと、Jane Simmons の *Where the Fairies Fly* というかわいい絵本が課題になったことがあります。主人公はルーシーという女の子。ルーシーはお話をするのが大好きというくだりがあって、そのあと次のように続きます。

She told deep blue sea stories to Mum...
　flying up high in the sky stories to Dad,
　and magic stories to her little brother Jamie.

　驚いたことに、ここの部分を次のように訳した人が圧倒的に多かったのです。

　おかあさんには　ふかくて青い海のお話を
　おとうさんには　空たかくとぶお話を
　そして弟のジェイミーには魔法のお話を

　誤訳かといわれれば、「いや、誤訳ではない」と答えるでしょう……が、どうしても引っかかってしまうのです。
　ゆっくり英語を朗読してみましょう。たぶん、こんな感じになると思います。

She told deep blue sea stories...to Mum...

flying up high in the sky stories...to Dad,
and magic stories...to her little brother Jamie.

なら、日本語にするとこうではないでしょうか。

ふかくて青い海のお話は……おかあさんに
空たかくとぶお話は……おとうさんに
ふしぎなお話は……弟のジェイミーに

（……）の部分はちょっと間を置くところで、（いったい、だれ
に話してあげるんだろうな）と、読者の気持ちを引っぱるところ。

だとすると、最初から「おかあさんには……」と持ってきては
いけないような気がします。

さらにもうひとつ、決定的な例を。

After a while I went out and left the hospital and walked
back to the hotel in the rain.

有名な作品の最後の 1 文なのですが、出典がわかりますか。

2008 年 7 月 5 日付の「ガーディアン」紙 International Edition
に "Ten of the best last sentences" という記事が載っています。
つまり、「最高の最後の 1 文、ベスト 10」。ここで紹介されてい
るのは、以下の 10 作品です。

F. Scott Fitzgerald, *The Great Gatsby* (1925)
George Orwell, *Nineteen Eighty-Four* (1949)
Ernest Hemingway, *A Farewell to Arms* (1929)

Kazuo Ishiguro, *Never Let Me Go* (2005)
George Eliot, *Middlemarch* (1871-1872)
Laurence Sterne, *A Sentimental Journey* (1768)
Voltaire, *Candide* (1759)
Franz Kafka, *The Trial* (1925)
Emily Brontë, *Wuthering Heights* (1847)
Samuel Beckett, *The Unnamable* (1953)

　文芸翻訳を勉強しようという人なら、サミュエル・ベケットの
『名づけえぬもの』以外はすぐにわかるようでないとまずいかな。
さっきの引用は『武器よさらば』の最後の1文です。難しいとこ
ろはまったくなく、じつにシンプルでわかりやすい。訳してみま
しょう。

　しばらくして部屋を出て、病院を後にすると、雨のなか、ホテ
ルまで歩いてもどった。

　いままでの『武器よさらば』の翻訳はほとんどこんなふうに訳
してあるのですが、金原訳（光文社古典新訳文庫）はちょっと違
います。
　この作品の最終章の後半は主人公のフレデリックが何度か病院
を出たり入ったりするところが細かく描写されています。そのた
びに、空が曇っていって、やがて雨が降りだし、カフェから雨の
なかをまた病院にいったりするところが描かれていきます。小説
によくある手法ですが、まさに主人公の気持ちが雲と雨に象徴さ
れているわけです。
　なら、最後の in the rain は、訳文でも最後に持ってきたいとこ

ろです。おそらく、英語を朗読する場合でも、この前で少し切る
はずです。となると、こんなふうに訳したくなります。

しばらくして、部屋を出た。病院を後にすると、ホテルまで歩い
てもどった。雨が降っていた。

　翻訳するとき、意味を考えながら原文をゆっくり朗読してみる
といいと思います。そして、間を置くところでは訳文も切る、つ
まり、そのあとにあるものは、前に持ってこない、ということを
原則にしてみましょう。もちろん、日本語と英語は文法構造が違
うので、どうしてもひっくり返して訳さないと、日本語がぎこち
なくなることがあります。その場合には、もちろん日本語優先で
す。ただ、日本語の文法や自分の語感が許す限り、どこまで原文
の流れに忠実に訳せるか、前のところでも書きましたが、一種の
パズルだと思ってやってみてください。
　1年に何度か、ほかの人の翻訳を原文とつきあわせることがあ
ります。すると、たまに信じられないほど前後がひっくり返って
いて、驚くことがあります。どうか、これを読んだ方は、なるべ
くそのギャップを縮めていくよう努力してみてください。
　さて、最後になりましたが『武器よさらば』の最後の1行に関
して、「ガーディアン」紙のコラムの解説も添えておきましょう。

At the end of this novel of love and war, hope and
desperation, all passion is spent. The narrator's lover
has died in childbirth and the only possible conclusion is
one of those perfect Hemingway sentences, expressively
drained of expressiveness.

愛と戦争、希望と絶望を描いたこの小説の結末では、すべての感情がついえてしまう。語り手の恋人が子どもを死産して、本人も死んでしまったあとには【ここは少し補って訳しています】、ヘミングウェイのこの完璧な文章以外考えられない。感情を排した文がじつにうまく主人公の感情を伝えている。

徹底的に調べる

　以下は E.L. Konigsburg, *Up from Jericho Tel*（Ｅ・Ｌ・カニグズバーグ『エリコの丘から』）の一節です。

　だいぶ前ですが、面白い文章にぶつかりました。訳してみてください。

I dumped my books on the sofa and began looking for the trowel we had used when Mother and I had tried to grow tomatoes outside our trailer in Texas. The plants had grown about a foot high when huge caterpillars attacked. They were covered with hundreds of tiny white cocoons, and if you picked them off and stepped on them, they squished out the most disgusting green stuff. I decided that it was punishment enough for them to have to go through life looking as ugly as they did, so I left them alone and they ate up all the tomato plants.

　問題は次の箇所です。

The plants had grown about a foot high when huge caterpillars attacked. They were covered with hundreds of tiny white cocoons,...

でっかい毛虫（イモムシ）がトマトの茎や葉を食べてしまったという内容なのですが、They were covered with hundreds of tiny white cocoons が曲者。

ごく普通に読んでいくと、「茎が 30 センチほどにのびたとき、大きな毛虫がついた。毛虫は無数の小さくて白いサナギにおおわれていて……」となって、なんだ、こりゃ、ということになりませんか。

そこで、They were covered... の They は毛虫じゃなくて、そのまえの The plants のほうかと考える。すると、「トマトの茎は無数の小さくて白いサナギにおおわれて……」となる。これなら、わからないでもない。ところが、この段落の最後で、茎も葉も食べ尽くされたとくる。え、なんで？　毛虫がサナギになったら、もう何も食べないじゃん。

さて、あなたなら、どちらを取りますか？

正解は最初のほうです。

これがわかったときは（作者に教えてもらったのですが）、へえ、そうなんだと驚き、おお、これは面白いと思って、そのときの翻訳の教え子たちに「問題」としてメールで送りつけました。15 人くらいでした。

さてさて、まあ全滅だろう、などとにやにやして待っていたら、なんと 3 時間ちょっとしてから、A さんからメールがきました。生け贄第 1 号かと思ってメールを開いて喫驚。大正解！　その直後、ニューヨークにいる B さんからメールがきました。これも大

正解。それから、ほか10名ほどから正解が。

　正解を早めに送ってくださった方たちに、正解および、正解にいきつくまでの経路、順路を教えてもらったので、紹介しておきます。

　翻訳にたずさわっている方には、絶対、参考になるはずです。

　まずは最初の大ヒットを打った A さんのメールから。早くて正しいというお手本みたいな解答。

① （解答）
「芋虫の体には寄生バチの白い小さな繭がびっしりとついていた。」でしょうか？　「びっしりと」というのは、無数についている、という感じのつもりです。「体」は「背中」でもいいかも。寄生バチはヤドリバチともいうようです。

　寄生バチなのか寄生バエなのか迷ったのですが園芸のホームページで A doomed tomato hornworm carries white cocoons of braconid wasps that will parasitize and ultimately kill it. というキャプションの（かなり気持ちの悪い）写真を見つけたのでハチにしておこうと思います。
『リーダーズ英和辞典』によると hornworm は「スズメガの幼虫、イモムシ」、braconid (wasps) は「コマユバチ（小繭蜂）」［コマユバチ科 の （各種のハチ）］だそうです。

　寄生バチの生活史は種類によっていろいろみたいですけどたぶんこの場合は成虫のハチが芋虫の体に卵を生みつけて、幼虫が皮膚をやぶって体内にはいって（寄生して）それからまた出てきて体表に繭をつくって成虫になったら飛んでいくんだと思いますが。（うーん、なんだか背中がかゆくなってきました）。

　三か所ぐらいの英語サイトに、トマトに小さな白い繭がびっし

りついた大きな芋虫がいたら放っておきなさい（寄生虫がやがて宿主を殺すから）、と書いてありました。問題文の芋虫はずいぶん元気そうなので、ちょっと食い違うのですが……。（日本のサイトで、寄生バチには宿主を殺してしまうタイプと飼い殺し〈生かしておく〉タイプがあるとも書いてありましたが、具体的な種類や植物名はなかったのでよくわかりません）。

それにしても、この文章、最初に見たときは寄生バチだなんて思いもよりませんでした。

勉強になりました。

② （追伸）

さっき「芋虫の体に卵をうみつけて」と書きましたが平凡社の百科事典によると、コマユバチのほとんどは宿主の体内（ときには卵内）に卵を生むそうです。それから、日本のサイトでアオムシコマユバチは交尾しないでも卵が生めるという話もありました（もちろん交尾をして生む場合もあるのだと思います）。全てのコマユバチがそうかはわかりませんが。

前のメールに書いた写真のキャプションの ... that will parasitize ... というのの will がよくわからなかったのですが成虫になったのが、また同じ（もしくは近隣の）芋虫に卵を生んで・・・ということなのかもしれませんね（よくわかりません）。なんだか芋虫、気の毒。

③ （正解に至った経緯）

経緯……ですか？

1. 最初に They were covered with hundreds of tiny white cocoons という文章を読んだときは、They は the tomato plants

で caterpillars が cocoons になったのだと思いました。

2. でも放っておいたら、tomato plants を食いつくしてしまったというので変だと思った。もしかしたら別の年のことかも、と思ったけれどそういう感じではないし、一度失敗したら二度とトマトは作らないでしょうし。それに、huge caterpillars なら huge cocoons になるでしょう。というわけで、They が tomato plants で cocoons が caterpillars の cocoons だという考えは捨てました。

3. となると They は caterpillars だということになる。The caterpillars were covered with ○○ . ○○は毛しか思いつきませんでした。細かい毛が密集しているのかなと思って cocoons に毛という意味がないか、家にある辞書で調べたけど、そういう記述はみつからず、明日図書館にいって *OED* を見ようと思いました。

4. でも毛だとしたら fine でしょう。tiny は変だと思った。で、アメリカのヤフーで、'caterpillars tomatoes white cocoons'（だったと思う）のキーワードで検索。「トマトに caterpillars covered with small white cocoons を見つけたら……」という記事（園芸サイトでした）を見つけて、ああこれだと思った。

5. しかし、そこの説明では、寄生する虫だというだけで、何なのかわからない。日本語のサイトやパソコンにはいっている平凡社百科事典で調べ、寄生バエか寄生バチだろうと思う。このあたりでいろいろ面白いことを学習。でも寄生バエ、寄生バチのどちらなのか、なかなかわからない。

6. もう一度アメリカのヤフーに帰って、'tomatoes caterpillars covered with white cocoons' などと入れて丁寧に見ていくうちに A doomed tomato hornworm carries white cocoons of braconid

wasps... というキャプションの写真を見つけ、ああ、これこれと思い、リーダーズや百科事典で hornworm や braconid wasps を調べ結論に至る。

　説明が長くなっちゃいましたが、簡単にいうと cocoons についての考えは毛虫の繭（さなぎ？）→毛→寄生バチか寄生バエの繭→寄生バチの繭、と変わりました。

　使ったのは、インターネットの日本語と英語のサイト、家にある辞書（『リーダーズ』ほか研究社の辞書、Longman、『ジーニアス』など）、百科事典、でした。

　たしか3時間ぐらいかかったと思うので結構苦労しました。でもこういう謎解きは好きです。（殺人の出てくるようなミステリーは好きじゃないですけど）。

　さて、次は B さんからのメールを。

①（解答）

　なんですか〜、これ？　cocoon だらけのイモムシってこと〜！？

　ほんとにコクーンをしょってるイモムシがいるんですね〜！

Tomato hornworm caterpillars may be seen with tiny white cocoons attached to their back. Leave these caterpillars alone. They will die anyway but the cocoons contain the pupae of tiny wasps, which control hornworms naturally.

　画像を添付しますが、見られますか？　（草間さんがよろこびそう……［金原注　草間彌生］）見られなかったらこちらへどうぞ。（金原注　以下、画像が掲載されているサイトの URL があるけど

省略）

　というわけで、「イモムシの背中には、ほかの虫の小さな繭がびっしりついていて、」でしょうか？

②（正解に至った経緯）
・まず、cocoon に適当な意味がないか、辞書で確認→なし
・google.co.jp で、caterpillar cocoons を検索→件数が多すぎ
・"caterpillar covered with cocoons" を検索
（引用符 " " に入れる＝フレーズ検索）→該当なし
・引用符の有無、キーワードを変えてみるなど、いくつか試しているうちに、Tomato Hornworm という種類が浮上
・イメージ検索（キーワードを入れるボックスの上の「イメージ」）で、Tomato Hornworm を検索→画像を確認
　ちなみに、インターネットの検索にかかった時間は 20 分程度だったと思います。

　という具合に、ほとんど全員正解。やはり多かったのは、Google などの検索エンジンを活用して、見当をつけてから、平凡社の百科事典や英和辞書で確認するという形。
　つまり、考えていてはだめということ。大学の英語の講読授業のとき、しつこく学生にいうのは、「考える暇があったら、辞書を引け！」。辞書をたんねんに読んでいくと、たいがい解決がつく。それを生半可な単語力でもって無理やり意味をひねり出そうとするから失敗する。どんなにわかりきった単語であっても、そこで引っかかったら、まず辞書を引く。そして今回のことでわかったのは、「考える暇があったら、調べろ！」。インターネットという、非常識なくらいに便利な検索道具ができたのだ。これを使わない

でどうする。

　考える前に調べる、これからの翻訳家の座右の銘になると思います。

　しかしインターネットのお世話にならないで正解にたどりついた人もいます。ひとりは C さん。こういう寄生蜂のことを知ってたらしい。もうひとりの D さんは、園芸が趣味だそうで、この手のことには詳しいとのこと。

　さて、ここを間違えて、**They** を **The plants** に取った人が数名。そのうちのひとりは、ネイティヴにたずねてみたら、**The plants** だろうといわれたとのこと。まあ、そのあたりの知識がないと、ネイティヴでも間違えて読んでしまうという典型的な例ですね。

　とはいえ、この正解率の高さに、そろそろ金原引退近しとの感じがしないでもありません。こんなに優秀な人たちがたくさんいるのなら、もう出る幕はないような気がします。

　しかし、若い人々に追い抜かれるのは、それなりに快感でもある……などといっているうちに、人間はおとろえていくのかもしれませんが。

実践編

短編をひとつ訳す ❶

Bruce Coville,
"With His Head Tucked Underneath His Arm"
を訳してみよう

1 ウォーミングアップ

　まずはブルース・コウヴィルの短編から。

　ブルース・コウヴィルはぼくの大好きな作家で、日本でも多数、翻訳されています。今回は彼の短編集 *Oddly Enough* から、"With His Head Tucked Underneath His Arm"（「首を脇にかかえて」）を。

　しかしその前に、この短編集に収録されている "Duffy's Jacket" の冒頭の部分を訳してみましょう。とても気のきいた文章で、ウォーミングアップにはもってこいなので。

If my cousin had the brains of a turnip it never would have happened. But as far as I'm concerned, Duffy makes a turnip look bright. My mother disagrees. According to her, Duffy is actually very bright. She claims the reason he's so scatterbrained is that he's too busy being brilliant inside his own head to remember everyday things. Maybe. But hanging around with Duffy means you spend a lot of time saying, "Your glasses, Duffy," or "Your coat, Duffy," or—well, you get the idea: a lot of three-word sentences that start with "Your," end with "Duffy," and have words like *book, radio, wallet*, or whatever it is he's just put down and left behind, stuck in the middle.

Me, I think turnips are brighter.

But since Duffy's my cousin, and since my mother and her sister are both single parents, we tend to do a lot of things together — like camping, which is how we got into the mess I want to tell you about.

turnip は「**カブ**」という意味なのですが、英語でカブ、カブ頭というと、ばかのことです。「もし従弟にカブほどの脳みそがあれば、あんなことは起こらなかっただろう」。

よくある仮定法の文で、**it はこれから話す内容**です。

as far as I'm concerned は「ぼくに関する限り」という意味ですが、前後の流れにそって訳せば、「**ぼくがみる限り**」くらいでしょうか。

Duffy makes a turnip look bright. は、「ダフィーはカブを bright にみせる」。ダフィーがばかだということをいっているのですから、この bright は明るさのことではありません。賢い、という意味。**ダフィーとくらべると、カブのほうが賢くみえる**ということです。

According to her は「母さんによれば」というより、「**母さんがいうには**」でしょう。

claims は「**主張する、いいはる**」。しかし「**お母さんがいうには、ダフィーは賢い**」と続きます。訳しづらいのは、次の「ダフィー

がとても scatterbrained な理由」です。

too busy ... to remember はよくある too ... to の構文です。間が少し長いので、要注意。

busy being brilliant inside his own head は、「頭のなかで賢いことばかり考えている」。

remember everyday things は、「日常のことを覚えている」。

Maybe は半信半疑の言葉で、「もしかしたらそうかもしれない」くらいでしょう。日本人はよく maybe を使うのですが、この言葉は要注意です。たとえば、「明日、彼女の誕生日パーティにいく？」とたずねられて、「たぶんね」というと、ほぼいくつもりの場合が多いのですが、それを maybe といってしまうと、「どっちかわからないんだよね」という意味に取られることもあります。日本語の「たぶんね」は婉曲に yes を意味していることが多く、英語にすると、sure とか certainly とかに近いような気がします。

hanging around は、「いっしょにいる、つきあう」。

Your glasses, Duffy は、「きみの眼鏡だろ、ダフィー」といった感じでしょう。その次に Your で始まって、ダフィーで終わって、まん中に「忘れたもの」を入れると書かれていますが、日本語と英語はきっちり対応するわけではないので、そこは**日本語に合わせて変えてかまいません**。「ほら、眼鏡、ダフィー」でも OK です。

Me は「ぼくは……だと思う」と訳してもいいし、「いわせてもらえば」と訳してもかまいません。

I think turnips are brighter. はもうわかりますね。「**カブのほうが賢いと思う**」。

But since Duffy's my cousin, and since my mother and her sister are both single parents, の since はどちらも、**理由を表す接続詞**です。

got into the mess は、「ひどい目にあった。大変な目にあった」。

which is how we got into the mess I want to tell you about
は、「それが原因で、ぼくたちは、これから話す大事件に巻きこ
まれることになった」と訳さないほうがいいでしょう。ここもひっ
くり返さないように。「それが原因で、ぼくたちはひどい目にあった。
それをこれから話そうと思う」。

試　訳

　もし、いとこのダフィーにカブほどの脳みそがあれば、ぜった
いあんなことは起こらなかったと思う。どう考えたって、ダフィー
とくらべれば、カブのほうが賢い。けど、母さんは、そうは思っ
てない。ダフィーは、すっごく賢いっていうんだ。母さんがいう
には、ダフィーがあんなに物忘れがひどいのは、頭のなかですご
いことばかり考えているから、日常のことなんか覚えていられな
いかららしい。ま、そうかも。だけど、ダフィーとつきあってると、
いつもこういってなくちゃならない。「ダフィー、眼鏡」「ダフィー、
コート」……まあ、いいたいことはわかってもらえると思う。ふ
たつの単語、つまり「ダフィー」で始まって、「××」で終わる。
「××」には本とかラジオとかサイフとか、ダフィーが置いていっ
たものが入る。

　やっぱり、カブのほうが賢い。

　だけど、ダフィーはぼくのいとこだし、母さんもおばさんもシ
ングルマザーだから、いろんなことをいっしょにやることになる。
たとえば、キャンプとか。それが原因で、ぼくたちはひどい目に
あった。それをこれから話そうと思う。

　コウヴィルの文章は比較的読みやすく、時々、ユーモラスな表

現や皮肉のきいた表現が出てきて、笑えます。興味のわいた方はぜひ、彼の作品を読んでみてください。

2 "With His Head Tucked Underneath His Arm" を訳す

さて、いよいよコウヴィルの短編をひとつ訳してみましょう。

Fifteen kings ruled the continent of Losfar, and each one hated the others. Old, fat, and foolish, they thought nothing of sending the children of their subjects off on war after war after war, so that the best and the bravest were gone to dust before they ever really lived.

The young men left behind fell into two groups: those who escaped the wars for reasons of the body — the weak, the crippled, the maimed — and those who avoided the wars for reasons of the mind; those too frightened, too smart, or simply too loving to be caught in the trap the kings laid for them.

　最初の段落は難しいところはありません。the best, the bravest などは「the ＋形容詞＝人」です。were gone to dust before they ever really lived. などは、少しかっこよく、「人生半ばで塵と消えていった」くらいにしてもいいかもしれません。

　次の段落は、あとに残った2種類の若者のことが書かれています。最初の those who 以下の若者は簡単ですが、問題は次の

those who 以下の若者。このなかには too frightened, too smart, too loving の 3 つのパターンがあります。そして、その次の to be caught in the trap the kings laid for them（王たちが捕まえてやろうと仕掛けた罠にひっかかる）は、この 3 つのパターンの若者のすべてにかかります。**これを too loving だけにかかる、つまり too loving to be caught in the trap the kings laid for them と考えると全体の意味を取りちがえてしまう**ので要注意。

　また、mind を「心」と訳してしまうと、smart（頭がいい）が浮いてしまいます。**この mind は、前者のような肉体的なことではない理由を指しているので、ちょっと工夫する必要があります。**「それ以外の理由」くらいにしてみましょうか。

　また、試訳では frightened と loving を少し説明的に訳してみました。

試 訳

　ロズファー大陸では、十五人の王がそれぞれの国を治めていたのですが、どの王も、ほかの王を嫌っていました。老いて太った愚かな王たちは、国の子どもたちを次々に戦争に送り出すのをなんとも思わず、賢く勇敢な人々は、まだ若いうちに命を落としていったのです。

　残った若者は二種類。体のせいで残った者——体が弱いとか、足が悪いとか、手が悪いとか——それから、それ以外の理由で残った者、つまり、臆病で人を殺せない者、頭が切れる者、人を愛する気持が強くとても殺人などできない者だけが、王たちの仕掛けた罠を逃れたのです。

This last category was smallest of all, and a dangerous one to be in. Questioning the wars outright was against the law, and standing up to declare they were wrong was a quick route to the dungeons that lay beneath the palace. So it was only through deceit that those who opposed the wars could escape going off to kill people they had never met, and had nothing against.

One such was a cobbler's son named Brion, who had avoided the wars by walking on a crutch and pretending that he was crippled. Yet he chafed under the role he played, for he was not the sort to live a lie.

This last category はこの最後のパターン、いうまでもなく too loving な若者たちです。

Questioning the wars outright was against the law は「あからさまに戦争に反対することは法に反していた（法律で禁じられていた）」。

dungeons は「地下牢」くらい。

さて、問題は、So で始まる 1 文です。it was only... の it は何を指すかわかりますか？　その前の文ではありません。また、that 以下でもありません。

(So) it was only through deceit that those who opposed the wars could escape going off to kill people they had never met, and had nothing against.

この it が指すものはありません。これは、**it was that（it is that）の強調構文**です。おそらく高校で習ったはずなのですが、案外とわかっていない人が多いようです。というのも、会話ではあまり使われないからです。しかし文章や、演説などではしょっちゅう使われるので慣れるようにしてください。

　さて、この文ですが、まず、only through deceit that those who opposed the wars could escape going off to kill people they had never met, and had nothing against を考えてみましょう。

only through deceit（うまくごまかすことでのみ）that those who opposed the wars（戦争に反対する人々は）could escape going off to kill（〈戦場に〉いって人を殺すことを避けることができた）people they had never met, and had nothing against（会ったこともなければ、何の反感も覚えたことのない人々）

Yet he chafed under the role he played は「しかし自分の演じている役割のもとでいらいらしていた→こんな振りをするのがいやでしょうがなかった」。次の for は理由を表す接続詞です。

live a lie は「偽りの人生を生きる」くらいでしょうか。

試　訳

　ただ、この最後の若者は最も数が少なく、その中に入るのは、とても危険でした。戦争反対を叫ぶことは法律で禁じられていたし、立ちあがって、国はまちがっているなどと大声でいったりすると、すぐに城の地下牢送りになるからです。戦争がいやな人々はうまくごまかすしかなかったのです。そうすれば、会ったこともなければ、いやだと思ったこともない人々を殺しにいかなくてすみます。

そんな若者のなかに靴屋の息子のブライアンがいました。戦争にいかずにすむよう、松葉杖をついて歩き、足が不自由なふりをしていたのです。ところがブライアンは、そんなふりをするのがいやでたまりませんでした。平気で嘘の生活を送れるような性格ではなかったからです。

"Why do I have to pretend?" he would ask his friend Mikel, an older man who was one of the few who knew his secret. "Why must I lie, when I am right, and they are wrong?"

　But Mikel had no answer. And since much as Brion hated the lie, he hated even more the idea of killing some stranger for the sake of a war he did not believe in, he continued to pretend.

注

　he would の would は「過去の習慣を表す would」といわれるもので、「よく〜したものだ」というふうな意味です。Mikel の発音は「マイケル」。

　And since の since も、先ほどの for と同じで、**理由を表す接続詞**です。

　since much as Brion hated the lie, he hated even more the idea of ... は、「**というのは、ブライアンは人を欺くことがいやだったのと同じくらい、いや、それ以上に……がいやだったので**」。

　for the sake of a war he did not believe in は、このあとでもまた出てきます。こういう場合、**訳語は統一**しましょう。ここ

では「とても正しいとは思えない戦争のために」と訳しておきます。

試 訳

「どうして、こんなふりをしなくちゃいけないんだ？」ブライアンは友だちのマイケルによく、ぐちをこぼしていました。マイケルはブライアンより年上で、その秘密を知る数少ない人間のひとりです。「どうしてぼくが嘘をつかなくちゃならない？　ぼくは正しい。まちがっているのは国のほうだ」

　しかしマイケルはどういえばいいのかわかりません。ブライアンは嘘の生活もいやだったのですが、正しいとはとても思えない戦争のために、見ず知らずの人を殺すことのほうがもっといやだったので、そんな生活を続けていました。

本 文

One afternoon when Brion was limping through the marketplace on his crutch, he saw an officer of the king's army beating a woman because she had fallen in his path. The sight angered him so much that without thinking he stepped in to help the woman. "Leave her alone!" he cried, grabbing the officer's arm.

The man pushed Brion away and raised his hand to strike the woman again.

"Help!" she wailed. "He's killing me!"

Brion hesitated for but a moment. Though he knew it would reveal his lie, he sprang to his feet and felled the man with a single blow.

In an instant he was surrounded by soldiers.

Within an hour he found himself chained to a dungeon wall, with no one for company save the occasional passing rat, and no music save the trickle of the water that dripped endlessly down the cold stones.

As the days went by Brion began to wonder if he had been forgotten and would simply be left in his cell to rot. But late one afternoon he heard the clink of keys in the lock. Two uniformed men came into his cell, unlocked his chains, and dragged him to his feet. Gripping his arms in their mailed gloves, they hustled him to the throne room, to face the king.

"Is it true that you refuse to fight for me?" asked the king angrily.

注

because she had fallen in his path は、「自分の歩いている前で女が転んだというので」。

without thinking は「思わず」。

Leave her alone! は、いろんなふうに訳せる表現です。状況によっては「彼女を放っておけ！」と訳すこともできます。が、ここでは、「その女に手を出すな！」のほうが近いような気がします。

He's killing me! は、訳しづらいですね。「彼はわたしを殺そうとしている！」では間が抜けてしまいます。「殺される！」「人殺し！」くらいでしょうか。

sprang to his feet はとてもよく出てくる表現なので、しっかり覚えましょう。to one's feet は、「立ち上がる、立つ、起きる」という意味です。ほかにも、jump to one's feet は、「飛び起きる」

というふうにも使います。

saveは「助ける」という意味の動詞ではありません。「～以外」という意味の前置詞です。要注意！

ここでも to one's feet が出てきました。dragged him to his feet は「引きずり上げるようにして立たせる」。

mailed gloves は「鎖で編んだ手袋」。

試　訳

ある日の午後、ブライアンが松葉杖をついて市場をよたよた歩いていると、王国軍の将校が女をなぐっていました。おれが歩いていたら、この女が飛び出してきてじゃまをしたというのです。それをみたブライアンはかっとなり、思わず、女を助けようと間に入っていきました。「乱暴はやめろ！」ブライアンは叫んで、将校の腕をつかみました。

将校はブライアンを押しのけて、また女をなぐろうと手をあげました。

「助けて！」女は泣き叫んでいます。「殺される！」

ブライアンがためらったのは、ほんの一瞬でした。嘘がばれるのを承知で、松葉杖を捨ててまっすぐ立つと、将校を殴り倒したのです。

すぐにブライアンは兵士に囲まれました。

そして一時間もしないうちに、地下牢の壁に鎖でつながれました。そこにいるのは、たまに駆けていくネズミくらいで、きこえる音といえば、冷たい岩の天井から絶え間なくしたたり落ちる水の音くらいです。

何日もたつうちに、ブライアンは、自分がすっかり忘れられていて、この独房に放っておかれたまま腐っていくのではないかと

思うようになりました。ところがある日の夕方、カチャッという鍵の音がしました。兵士の格好をした男がふたり独房に入ってくると、鎖を解き、引きずり上げるようにしてブライアンを立たせました。そして鎖で編んだ手袋をはめた手でブライアンの腕をつかむと、謁見室に連れていき、王の前に立たせたのです。

「わしのために戦うのがいやだというのは本心か?」王は腹だたしそうにいいました。

本文

At the moment, Brion's main fight was with the lump of fear lodged in his throat. But he stood as straight as he was able and said, "It is true. I cannot kill a man I have never met for the sake of a war I do not believe in."

The king's jowly face grew scarlet with rage. "Let the court see the treason of this speech. Let it be recorded, so that all will understand why this rebellious youth is being put to death."

Three days later Brion was marched to the public square. His weeping mother stood at the front of the crowd, shaking with sorrow as the guards escorted her son up the steps to die. Pushed to his knees, Brion laid his head on the block. He heard his father's voice cry out. But the words were lost to him, because the executioner's ax had fallen.

The crowd roared as Brion's severed head tumbled into the waiting basket.

Body and head were buried in a shallow grave far

outside the city, in a corner of the boneyard reserved for traitors.

注

Brion's main fight was with the lump of fear lodged in his throat. は、そのまま訳すと「ブライアンの手ごわい敵は喉につかえている恐怖（の塊）だった」。このままでもいいのでしょうが、ぼくが訳すとすると、**「ブライアンは喉につかえている恐怖の塊と必死に戦っていた」** くらいですね。つまり、怖くて自分のいいたい言葉が喉につかえているということです。しかし、he stood as straight as he was able, できる限り背筋を伸ばしていいます。

I cannot kill a man I have never met for the sake of a war I do not believe in. くり返しになりますが、こういう場合も**ひっくり返さないで訳しましょう**。「見も知らぬ人間を殺すことはできません。それも、とても正しいとは思えない戦争のために」。

Let the court see the treason of this speech. は、「この反逆の speech（言葉）を法廷でみんなにきかせてやろう」。

Let it be recorded. は、「それを記録させろ」。

so that は「〜のために」。

was marched は「歩かされた」。

the public square は「町の広場」。

shaking with sorrow は「悲しみで震えながら」。

Pushed to his knees = Being pushed to his knees は「膝をつかされて」。

the block は「首切りの台」。

その瞬間、ブライアンは、自分の喉につかえている恐怖の塊と必死に戦っていました。しかし、できる限り背筋をのばしていったのです。「はい。見も知らぬ人間を殺すことなどできません。正しいとはとても思えない戦争のために」

二重あごの王の顔が怒りで真っ赤になりました。「そういう不届きな科白は法廷でいうがいい。すべて記録に残せ。この若者がなぜ死刑に処されるのか、全国民に知らせてやるのだ」

三日後、ブライアンは町の広場に連れていかれました。ブライアンの母親は集まった人々の最前列に立って涙を流し、悲しみにふるえています。その前を、番兵に引き立てられた息子が死への階段を上がっていきます。ブライアンは体を押さえつけられ、両膝をつくと、処刑台に頭をのせました。父親が大声でわめいているのがきこえます。しかし、それも途中できこえなくなりました。死刑執行人が斧をふりおろしたのです。

群衆がどよめきました。斧で切り離されたブライアンの首が転がって、待ち受けていたかごの中に落ちたのです。

体と首は、町からはるか離れたところに、浅く掘った墓に埋められました。墓地の片隅の、反逆者を埋葬する場所です。

Brion was about as mad as a dead man can be, which may explain why three nights later he climbed out of the ground. Reaching back, he plucked his head from the grave, gave it a shake to rid it of loose dirt, then tucked it under his arm and started for the city.

It was the quietest part of the night when he reached the

palace. Most of the guards were nodding at their posts, but even the few who were still alert did not see him enter.

The dead have their ways.

Brion was about as mad as a dead man can be は、そのまま訳せば、「ブライアンは死者ができる限り怒っていた」。死者なりに怒れるだけ怒っているという感じですが、このままだとうまい日本語に訳せないので、**工夫が必要**です。

which may explain の which は、その前の部分 Brion was about as mad as a dead man can be のことです。**ブライアンがそれほど怒っていたということは、why 以下のこと（3晩後、地面からはい上がってきた）を説明してくれる**だろう。つまり、これくらい怒っていたわけです。

というわけで、この 1 文ですが、こんな感じに訳してみました。

ブライアンは死人とは思えないほど怒っていた。おそらくそのせいだろう、3 晩後、地中からはい出てきた。

Reaching back も難しいですね。こういう場合の reach は、「**手をのばす**」。つまり、ブライアンは後ろに手をのばして、自分の首を拾ったのです。

gave it a shake to rid it of loose dirt は「**首を振って、ゆるくついていた土を振り落とした**」。

started for の for は「**方向**」を表す前置詞です。「**〜のほうへ**」。

were nodding は「**居眠りをしていた**」。

their posts は「**持ち場**」。

The dead have their ways. の have one's way は、「意志を
貫徹する、わがままを通す、思うようにする」といった意味があり
ます。この場合、どれが近いか、各自、判断して訳してください。

試 訳

ブライアンは死人とは思えないほど怒っていました。そのせい
でしょう、三晩のち、地のなかからはい出てきたのです。それか
ら下に手を伸ばして墓穴から自分の首を拾い上げ、ついている土
をふるい落としてからわきに抱えると、町へ向かいました。

静まりかえった夜のうちに、ブライアンは城に着きました。番
兵はほとんど、自分の持ち場で居眠りをしていたし、目を覚まし
ているわずかな者も、ブライアンが入ってくるのに気づきません
でした。

死者はどこにでもいけるのです。

本 文

Slowly Brion climbed the stairs to the king's bedchamber.
When he entered the room he stood in silence. But his
presence alone was enough to trouble the king, and after
a moment the fat old man sat up suddenly, crying, "Who
dares to disturb my sleep?"

"I dare," said Brion, "because I know you for what you
really are: a murderer and a thief, not fit to be king. You
have been stealing your subjects' lives, and I have come
to set things right."

Then he crossed the room and stood in a shaft of
moonlight that flowed through the window next to the

king's bed. When the king saw the body of the young man he had ordered killed just three days earlier standing next to him, saw the severed head with its still-raw wound, he began to scream.

"Silence!" ordered Brion, raising his head to hold it before the king's face. "Silence, if you wish to see the morning!"

Trembling beneath his blankets, the king pleaded with Brion to spare his life. "I will do anything you ask," he whimpered. "Anything at all."

The head smiled. Then Brion told the king what he wanted him to do.

注

sat up は要注意。よく間違える人がいますが、立ち上がるのではありません。「立ち上がる」のは **stand up**。sit up は「体を起こす」、寝ている状態から半身を起こします。

dares to は「ふとどきにも〜する」「大胆にも〜する」。

subjects は「部下、国民」のこと。

a shaft of moonlight は「ひと筋差しこんでいる月の光」。

still-raw は「まだ生々しい」。

raising his head to hold it before the king's face は「自分の首を王の目の前に突きつけている」。

spare his life は「どうか殺さないでくれ」。

Anything at all は「どんなことでも」。at all は強調です。

　ブライアンはゆっくり階段を上がって、王の寝室に向かいました。そして部屋に入ると、黙ってそこに立っていました。それだけで、王を不安にさせるにはじゅうぶんだったのです。すぐに、肥えて老いた男はがばっと身を起こし、大声をあげました。「わしの眠りを妨げる不届き者はだれだ？」

「ぼくですよ」ブライアンはいいました。「ぼくはあなたの正体を知っています。殺人鬼で盗人で、とても王になるような人ではない。あなたは国民の命を盗みつづけてきた。ぼくはその過ちを正すためにここへきたのです」

　ブライアンは部屋の奥へ入っていきました。ベッドの横の窓からさしこむ一筋の月の光がブライアンを照らします。王がふとみると、ほんの三日前に死刑にしたはずの若者の死体がすぐ隣に立っているではありませんか。切り口も生々しい首がそこにあります。王は悲鳴をあげました。

「うるさいなあ！」ブライアンはそういうと、首を王の顔の前にかざしました。「声をあげないでください。朝の光をおがみたいでしょう！」

　王は毛布にくるまって震えながら命乞いをしました。「なんでもいうことをきく」王は泣いています。「どんなことでも」

　ブライアンの首はにやりとしました。そして、王に要求を伝えたのです。

The next day the king's advisors were astonished to hear the king announce that the war was over, and that he was calling the armies back from the field.

"Why, your majesty?" they asked. They were deeply disturbed, for they loved their game of war and were sad to see it end.

But the king would say nothing of his reasons.

Now life in the kingdom began to change slowly for the better. The youths who returned from the war began to take a useful part in the life of their homeland. With strong young hands to till the fields, the farms grew more productive. Some of those who returned from the wars were artists and poets; some were builders and thinkers. New ideas came forward, new designs, new ways of doing things. As time went on the kingdom grew stronger, happier, and more prosperous than any of those surrounding it.

<hr>

注

for they loved... の for は**理由・原因を表す接続詞**です。

game of war の of は前にもでてきた**同格の of** で、「**戦争というゲーム**」。「**戦争ゲーム**」という訳もありかな。

till the fields の till は「**耕す**」という意味の動詞。

<hr>

試　訳

　翌日、お付きの者たちは王の言葉にびっくりしました。戦争はおしまいにする、軍隊を戦場から呼びもどせ、というのです。

「なぜです、陛下？」お付きの者たちは、王の言葉が信じられませんでした。というのも、みんな戦争というゲームが大好きで、終わりになるのが悲しくてたまらなかったのです。

しかし、王はその理由をいいませんでした。

　それからというもの、人々の暮らしは少しずつ良くなっていきました。戦場からもどってきた若者は故郷にもどり、生活に大切なことをするようになったのです。若者が力強い腕で田畑をたがやしたので、実りは前よりずっと豊かになりました。戦争からもどった人々の中には絵描きや詩人もいます。建築家や思想家もいます。新しい考え、新しい見方、新しいやり方が生まれてきます。時がたつにつれ、王国は豊かになり、人々は幸福になりました。国は栄え、周囲の国々をしのぐようになったのです。

本　文

And in all this time Brion never left the king to himself. Though the guard was doubled, and doubled again, somehow they always slept when Brion walked the halls — as he did every night when he came to visit the king's bedchamber. And there, with his head tucked underneath his arm, he would instruct the king on what to do next.

When morning came, Brion would be gone. But the smell of death lingered in the room. The servants began to whisper that the king was ailing, and would not live much longer. But live he did, and for the next three years he continued to do as Brion told him.

In that time the kingdom grew so prosperous that the other kings on Losfar grew jealous. They began to plot together and soon decided to attack the rebellious kingdom that had left the wars.

"After all," said King Fulgram, "the only reason they have

so much is that they have not been spending it to defend themselves, as have we. Therefore, a share of it should be ours."

"A *large* share," said King Nichard with a smile.

When Brion heard that the armies of Losfar were marching on his homeland, he did not know what to do. He certainly did not want a war. But neither did he want to let the outsiders tear down all that had been built. And he knew he could not let them murder his people.

"Send a message of peace to the enemy camp," he told the king a few nights before the enemy was expected to arrive.

The king sneered, but, as always, did as he was told.

The messenger was murdered, his body sent back as a warning of what was to come.

Panic swept the kingdom.

That night, when Brion stood by the king's bedside, the old man began to gloat over the coming war. "See what you have brought us to," he taunted. "We are no better off, and in fact far worse, than when you started. Before, we fought on *their* soil, and it was *their* homes that were destroyed. In two days' time the enemy will be upon us, and this time it is *our* city that will burn."

Brion said nothing, for he did not know what to do.

注

Brion would be gone の would は「過去の習慣」と呼ばれる

もので、「**いつも～だった、～したものだった**」という意味です。

body をたまに間違える人がいます。「**体**」ではなく「**死体**」。

their soil... their homes の their は「**ほかの国々**」です。

it was their homes that... も it is (was)... that の強調構文です。

　その間、ブライアンは王から離れることはありませんでした。番兵の数を倍にしても、そのまた倍にしても、ブライアンが廊下を歩くと、どういうわけかみんな決まって眠ってしまうのです。ブライアンは毎晩王の寝室を訪れ、わきに自分の首を抱えて、王に次の指示を与えました。

　朝が来ると、ブライアンはいなくなるのですが、死のにおいは部屋に残っています。召使いたちは、王が病んでいるとうわさしはじめました。もう長くないだろう、というのです。しかし王が死ぬことはなく、それから三年間、ブライアンに命じられた通りにしました。

　その間に王国はますます豊かになり、ロズファー大陸のほかの王たちがねたむようになりました。そして王たちは手を組み、戦争から抜けた裏切り者の王国を攻撃しようと決めたのです。

「考えてみれば」フルグラム王がいいました。「あの国があんなに豊かなのは、国を守るための武器に金をつかわないからだ。われわれはそこに金をつぎこんでいる。ということは、われわれにも取り分があるということだ」

「それもたっぷりな」ニチャード王はにやっとしました。

　ロズファーの国々の軍隊が国境を越えて進軍を始めました。それを耳にしたブライアンは、こまってしまいました。戦争は絶対にいやだったのですが、自分たちが作りあげてきたものをすべて、

よそ者にだいなしにされるのも耐えられないと思ったのです。それに、この国の人たちが殺されるようなことになってはならないと考えていました。

「敵に使者を送って、平和条約を結ぶよういってください」ブライアンが王にいいました。あと幾晩かで、敵が町に攻め入ってくるというときです。

王は鼻で笑いましたが、いつものように、いわれたとおりにしました。

使者は殺され、みせしめとして遺体が送り返されました。

国中が大混乱です。

その夜、ブライアンが王のベッドの脇に立つと、老王は、それみたことか、という顔をしました。やはり戦争になったではないか、というのです。「おまえのせいで、このざまだ」王はブライアンをなじりました。「この国をよくしたと思っているのなら、大間違いだ。それどころか、おまえが口を出す前よりずっと悪くなった。以前、戦場はよその国だった。荒れ果てたのはよその国の家だった。ところがどうだ、二日もたたないうちに、敵が目の前にやってくる。今度はわれわれの町が焼かれるのだぞ」

ブライアンは何もいいませんでした。どうしたらいいかわからなかったのです。

＊本短篇は、これ以降、詳細な註をつけますが、訳は掲載しません。ぜひご自分で訳してみてください。

Later, when he was walking back to his grave, Brion met another traveler on the road. Brion recognized him as the murdered messenger by the stray bits of moonlight that flowed through the holes in his chest (for the king had described the man's wounds with savage delight).

The messenger turned from his path to walk with Brion. For a time the two men traveled in silence.

Brion felt a great sorrow, for he blamed himself for the messenger's death. Finally he began to speak, and told the man everything that had happened since his own beheading.

"Don't feel bad," replied the messenger. "After all, your heart was in the right place —which is more than I can say for your head," he added, gesturing to the grisly object Brion carried beneath his arm. It was sadly battered now, for dead flesh does not heal, and in three years it had suffered many small wounds and bruises.

Brion's head began to laugh, and before long the two dead men were staggering along the road, leaning on each other as they told bad jokes about death and dying.

recognized him は「あっ、あの男かと思った」くらいでしょう。

stray bits of moonlight は「月の光がちらちらみえる」。

through the holes in his chest は「胸の穴を通して、胸の穴のむこうに」。

for the king had described the man's wounds with savage delight の for は理由を表す接続詞。

with savage delight は「残酷な笑いを浮かべて」。

turned from his path は「方向を変えて」。

in silence は「黙って、何もいわずに」。

..., for he blamed himself for the messenger's death の for も理由を表す接続詞。

Don't feel bad は「気にするな、気に病むことはない」。

your heart was in the right place はちょっと難しい。「きみの心は正しい場所にあった」、つまり「きみの考えは正しかった」「きみのしたことは正しかった」という意味です。が、そのあとを読むと、この heart にはもうひとつ「心臓」という意味がかけてあることがわかります。

which is more than I can say for your head の which はその前の文、つまり your heart was in the right place を指しています。この場合、この文の訳は「きみの心臓は正しい場所にあった」。とすると、そのあとの部分は、「それは、きみの首についていえる以上のことだ」と続きますが、このままだと何がいいたいのかわかりません。**逆に考えてみましょう。**「きみの首については、そんなことはいえない」、つまり「きみの首は正しい場所にない」。そう、ブライアンの首は脇に抱えられているのです。だからそういって、gesturing to the grisly object Brion carried beneath his arm、つまり**ブライアンが抱えている首を指さす**わけです。

　以上のようなことを考えて訳すとすると、多少、説明的になってしまいますが、こんな感じでしょうか。

「とにかく、おまえは正しいことをした。つまり心も心臓もあるべ

き場所にあるってことだ。首はちがうらしいけどな」

これを参考に、自分の言葉で訳してみてください。

for dead flesh の for も理由を表す接続詞。

After a time they paused. Standing together, they stared into the deep and starry sky.

"I am so tired," said Brion at last. "How I wish that I could be done with this. How I wish that I could rest."

"You cannot," said the messenger. "You must finish what you have started."

Brion sighed, for he knew that his new friend was right. "And what of you?" he asked. "Why do you walk this night?"

"I was too angry to rest," said the messenger. "I wish that those fools could know how sweet life is. But perhaps only the dead can know that."

"More's the pity," said Brion. And with that he left the messenger and returned to his grave.

deep and starry sky ですが、この場合、deep は「深い」でいいのか、「どこまでも広い」なのか迷うところです。このへんはまあ、訳者にまかされているところなのだと思います。

be done with this の this は、「この状況、状態」。be done with は「おしまいにする」。

You cannot は要注意。この can は許可を表す助動詞です。

Can I be seated next to you? Yes, you can. は「座っていいで すよ」という意味です。No, you cannot. となると、「座っちゃだめ」 という意味。禁止の命令形といってもいいでしょう。つまり、「い や、それはだめです」くらい。

for he knew の for も理由を表す接続詞。そろそろ、この for に も慣れてきましたか。

only the dead can know that は、「死者だけが、それ（生きて いることはすばらしい）を知ることができる」。つまり「死なない とわからない」。

More's the pity は「残念なことに」。

本文

But the messenger's words stayed with him, and the next night when he rose, he knew what to do. Finding the grave of the messenger, he called him forth, saying, "I have one last message for you to deliver."

Then he told him his plan. Smiling, the messenger agreed to help. And so the two men went from grave to grave, calling the dead with these words:

"Awake, arise! Your children are in danger, your parents may perish, your childhood homes will burn. All that you loved in life is at peril. Awake, arise, and walk with us."

Not every soul gave back an answer. Some were too long dead, or too tired, or too far away in the next world. Some had never cared about these things in life. But for many, Brion's call was all that was needed to stir them from their place of rest. The earth began to open, and up from their graves rose the young and the old, the long dead and the newly buried. And each that rose took up the message and went to gather others, so that two became four, and four became eight, and eight became a multitude, shaking the earth from their dead and rotted limbs for the sake of all that they had loved in life.

注

最初の 2 段落は簡単だと思います。ふたりが墓場にいって、死者を呼びだします。そして、家族や家、愛したものすべてが危ないと告げます。

ただし、**All that you loved in life** が次の段落にも出てくるので、訳語は統一しましょう。

その次の段落の **Brion's call was all that was needed to stir them from their place of rest** が難しいかもしれません。まず、**all を取って訳してみましょう**。すると、こうなります。「ブライアンの呼びかけは、死者たちが安らぎの場所から目ざめるのに必要だった」。そこに **all** が入ると、こうなります。「ブライアンの呼びかけは、死者たちを安らぎの場所から目ざめさせるのに必要なすべてだった」。つまり、「**その呼びかけだけで十分だった**」。もっと訳してしまえば、「**ブライアンの呼びかけをきいて、死者は喜んで飛びだしてきた**」という感じです。

the earth began to open は「**地面があちこちで口を開けだした**」。

shaking the earth の **earth** は「土」です。つまり「**土を払いながら**」。

limbs を「手足」と訳す人が多いのですが、ここでは「**全身**」

とか「体」という意味です。

When the army of the dead had gathered at the gate of the graveyard, Brion stood before them and took his head from beneath his arm. Holding it high, he told them all that had happened.

He told them what he wanted of them.

Then he turned and headed for the camp of the enemy.

Behind him marched the army of the dead. Some moaned as they traveled, remembering the sweetness and the sorrow of the living world. Some were no more than skeletons, their bones stripped clean by their years in the earth. Others, more recently dead, left bits and pieces of themselves along the way.

Soon they reached the camp of the enemy, which was all too close to the city. Following Brion's lead, they entered the camp. It was easy enough to pass the sentries. The dead *do* have their ways. Then, by ones and twos, they entered the tents of the living, where they began to sing to them of death's embrace.

"Look on me, look on me," they whispered in the ears of the sleeping men. "As I am, soon you shall be."

Then は「それから」。
turned は「向きを変えて」。

their bones stripped clean は「きれいに骨だけになっていた」。

by their years in the earth は、「死後の年月、土に埋もれていたので」。

camp は「野営地」。

have their ways は「好きなようにする」。ブライアンが初めて墓から出て、城に入る場面でも出てきました。

by ones and twos は「ひとりひとり、またふたり組で」。

As I am, soon you shall be. は倒置構文になっているのがわかれば、意味は簡単でしょう。

本 文

When the soldiers roused from their dreams of killing and dying to find themselves looking into the faces of those already dead, fear crept into their hearts.

But the dead meant them no harm. They had come only to speak to them, slowly and softly, of what it is to be dead; how it feels to be buried in the earth; what it is like to have worms burrow through your body.

"This will come to you soon enough," they whispered, extending their cold hands to stroke the faces of the living.

Some of the dead women held out their arms. When the men cried out and cowered from their touch, they whispered, "If you fear my embrace, then fear the grave as well. Go home, go home, and there do good. Choose life, choose life, and leave this place in peace."

One by one, the terrified men slipped from their tents

and fled across the hills to their homes, until the invading army had vanished like a ghost in the night.

Then the army of the dead returned to the cemetery. They laughed as they went, and were well pleased, and chuckled at their victory. For though they had spoken nothing but the truth, they had not told all that there was to tell. The departing men would learn that in good time; there was no need for them to know *all* the secrets of the world beyond too soon.

注

meant no harm は「ひどいことをするつもりはなかった」。

worms は虫とかミミズではありません。「**ウジ**」です。

do good は「やさしくしなさい、親切にしなさい、良いことをしなさい」。

leave this place in peace は、「ここを平和なままにしておきなさい」。

until は「そしてついに……になった」。

For はもう何度か出てきましたが、**理由を表す接続詞**です。

The departing men は「（これから）死んでいく者たち」。

in good time は「そのうち、そのときがくれば」。

the world beyond は「あの世」。

本 文

As dawn drew near, Brion stood at the edge of his grave and stared into it with longing. At last the time had come to discover what came next, the secrets and surprises he had denied himself for three long years.

Tenderly he placed his head in the grave. Then crawling in beside it, he laid himself down and died.

注

longing は「切望」。つまり、ブライアンは早く死んで、discover what came next したかったのです。それを 3 年もお あずけにしてきた、というわけです。

＊この短篇は、近いうちに岩波少年文庫の『ホラー短編集 4』に 収録される予定です。

ただ、そちらは常体で訳してあります。この作品、常体で訳すほ うがいいのか、敬体で訳すほうがいいのか、考えてみてください。

短編をひとつ訳す ❷

Angela Johnson,
"Starr"
を訳してみよう

1 ウォーミングアップ

　ふたつ目はアンジェラ・ジョンソンの "Starr"（スター）。まず、ざっと最後まで読んでから訳してみてください。

本　文

I remembered her today because I went downtown and looked for new shoes. My friend May came with me to buy herself a black sweatshirt. It's all she wears. I don't think I've ever seen her in anything else.

注

　まず、気になるのは、主人公、というか、語り手が女の子か男の子かでしょう。ただ、話の内容からして、女の子でしょう。

　それから、書き出しのところは、「私は今日」と訳さないほうがいいと思います。英語ではしょっちゅう、I、I、I、と出てくるのですが、日本語では、語り手が自分の場合、主語を省きます。つまり、こんな感じです。

① 「今日、彼女のことを思い出した」
② 「彼女のことを思い出した。今日、靴を買いにダウンタウンに
　いったから」

　英文は I remembered her today と始まるので、①のように訳
してもかまいません。ただ、語順を大切に考えると、「彼女のこ
とを思い出したのは、今日、ダウンタウンにいって、新しい靴を
さがしたからだ」という訳もあります。英語を音読して頭に入っ
てくる順番にイメージをふくらませていくと、②のほうに近くな
るからです。**なるべく、語順のままに訳して、なおかつ、日本語と
して不自然でない訳文を考える**ことが大切です。
　downtown は「ダウンタウン」でもいいし、「街の中心部」で
もいいし、「繁華街」でもかまいません。あるいは「街」でも。

試 訳

　今日、スターのことを思い出したのは、新しい靴を買いにダウ
ンタウンにいったからだった。友だちのメイもいっしょにきて、
黒のトレーナーを買った。メイはいつもそんな格好だ。ほかのも
のを着ているところなんかみたことがない。

本 文

We took the express bus downtown after school let out.
May stuck her feet on the seat in front of her.

　"Every time I get on this bus it's so full of people I can't
get off at my stop."

　She pulled the cord one stop short of where we were
going, for the fun of it, hoping the bus would empty. The

last person to get off at that stop wore her hair in a bun.

  That's when the remembering started.

express bus は「特急バス」という訳もありですが、まあ、バスの場合は「急行」でしょう。

May stuck her feet on the seat in front of her. は難しいですね。まず feet、これは「足」です。「脚」ではありません。日本語の場合は、どちらも「あし」で、脚と足をごっちゃにする人も多いのですが、**英語の場合、leg と foot はきっちり使い分けます。訳すときには、脚と足をきっちり訳し分けるようにしましょう。**ここで、メイは足を前の座席に stick させています。stick というのは、「ぺたっとくっつける」ことです。**車体などにぺったり貼りつけるステッカー（糊つきラベル）も、かわいいキャラをプリントしたシール**も英語では stick といいます。これでここはわかったと思います。かなり行儀の悪い格好をしているわけです。

参考までに、Rick Riordan, *The Trials of Apollo* (リック・リオーダン)『アポロンと 5 つの神託（パーシー・ジャクソンとオリンポスの神々シーズン 3)』の最終巻（第 5 巻）、*The Tower of Nero* に似た表現が出てきたので、引用しておきましょう。

she was still compact enough to prop her red high-tops comfortably on the seatback in front of her. Comfortable for *her,* I mean, not for me or the other passengers.

my stop は「おりるバス停」。いっそ、「おりるところ」でも。

pulled the cord はひと工夫ほしい箇所です。紐を引っぱる、

コードを引く、と訳しても普通の日本人にはわかりません。「**下車を知らせる紐を引いた**」「**降車コードを引いた**」くらい。これを日本のバスのように「ボタンを押した」と訳すかどうかは難しいところです。一般書ならまずやりませんが、児童書の場合はありかもしれません。

one stop short of は「**〜のひとつ手前のバス停**」。

for the fun of it は「**面白半分に、いたずらで**」。

hoping the bus would empty は、「**バスが空っぽになるといいなと思って**」。

That's when the remembering started. も訳すのが難しい。「想起」「記憶」「回想」といった言葉は使いたくありません。「**それがきっかけで、思い出した**」とか、「**それが彼女のことを思い出すきっかけだった**」という訳が考えられます。started にこだわって訳すと「思い出し始めた」となりますが、日本語としてはなんとなくぎこちない感じがします。

試 訳

放課後、急行のバスに乗ってダウンタウンにいった。メイは前の座席の背に足をくっつけて座ってた。
「このバスさ、いつも混んでて、降りたいとこでおりられないんだよね」
メイはふざけて、降りる停留所のひとつ手前で降車コードを引っ張ると、みんな降りちゃうかもといった。その停留所で最後に降りた人は、髪をうしろでまとめて留めてた。
それをみたとたんに、思い出した。

You can go all day and put all the things that hurt you away in your head. You never have to talk about them, think about them, or feel them. I've been doing it for so long and am so good at it. . . .

Sometimes when I'm at the arcade and I feel like I am totally gone from my body, it will happen. Or I could be at the park under a tree looking up at the sky and *bam*!

I start remembering again.

最初の文の **You** は**一般人称の you,** つまり「**人**」のことです。「人は一日、普通に過ごして、嫌なことは頭のなかにしまっておける」。まあ、こういう場合の「人」は省略することが多いので、次のように訳しましょうか。「**嫌なことは頭にしまって、一日過ごそうと思えば過ごせる**」

arcade は「アーケード、商店街」ではなく「**ゲームセンター**」です。

***bam*!** は「**バン！**」でもいいでしょう。「**あっ！**」と訳してもいいかも。頭のなかに隠してきたことが、いきなりよみがえったときの驚きの表現です。公園で空をながめているときに起こることもあるし。今回はそれが、バスの中で起こったわけです。

つらいことを全部、頭の片隅に追いやって一日を過ごそうと思えば過ごせる。そのことを話したり、考えたり、感じたりしなければいいんだから。あたしはずっとそうやってきたし、そういうのは得意……。

でも、ゲームセンターにいて、魂が体から抜け出たような気がするとき、いきなりやってくる。ほかにも、公園の木の下で空を見あげているとき、いきなりバンってこともある！

　そうなると、もう止められない。

本　文

Starr used to take me to Venice Beach on the hot afternoons when it probably would have made more sense to stay at home under some shade, sucking up orange bubblegum ices and pineapple pizza.

I'd fought with Jimmy that fourteen was too old for a baby-sitter, but he'd just straightened his tie and shook his head. I like my dad, Jimmy, even though what he says usually goes; even if I hate it. He doesn't put his foot down much, except the time I wanted to paint my room black and buy snakes.

I guess since it's been just me and Jimmy, he's used to me and my moods and doesn't even look surprised anymore. But he wasn't backing down about a sitter.

注

　Venice Beach はネット検索すれば一発で出てきます。すると、作品の舞台もすぐにわかります。

　最初のところ、**ひっくり返さないように訳すと**、こんな感じでしょう。

　スターはよくわたしを Venice Beach に連れていってくれた。そ

れも暑い日の午後。

　そのあとは、「うちにいて、日の当たらないところにいるのが当たり前ってときに」。

　sucking up orange bubblegum ices and pineapple pizza は、ビーチでしていることです。orange bubblegum ices はそのまま、「**オレンジバブルガム・アイス**」でかまいません。アイスクリームのなかにオレンジ味のバブルガムが入っているという、まず、日本ではみかけないクレイジーなお菓子です。

　I'd fought の 'd は had です。つまり、I had fought, 過去完了形です。その前は過去形。つまり、**主人公が父親のジミーと言い合いをしたのは、その前のことです**。ここは「あたしはジミーと言い合いになって、14歳にもなってベビーシッターなんていらないといった」と訳してもいいのですが、この過去完了のニュアンスを出すとしたら、この文の最初に「**スターがくるまえ、**」と補うという手もあります。

　what he says usually goes の what は「こと、もの」を表す複合関係詞。ジミーのいうことが通る、つまり「**たいていはジミーが決めた通りになる**」ということ。

　put his foot down は put one's foot down で辞書にも載っているし、ネットにも出ています。「断固として譲らない」とか、「**頭ごなしに、だめという**」という意味。

　I guess は、あとに that を補うとわかりやすいでしょう。

　since は「〜以来」という意味ではありません。because に近い意味で、「**理由**」を表す接続詞。

　moods は、「**むら気、不機嫌**」といった意味。

　ところが、このベビーシッターの件に関しては、絶対に譲らな

かったわけです。なぜかは、やがてわかります。

　スターは、暑い昼下がりによくあたしをヴェニスビーチに連れていってくれた。家にいて、日のあたらない屋根の下にいるほうがいいと思うんだけど、いっしょにビーチでオレンジバブルガム・アイスやパイナップルピザを食べた。

　もう十四歳なんだからベビーシッターはいらないってジミーに抗議したけど、ジミーはネクタイを直して首を横に振っただけだった。ジミー、そう、パパのことは好き。あたしがいくら嫌がっても、たいていはジミーのいうとおりになる。けど、頭ごなしにだめっていうことはない。部屋を黒く塗りたいっていったときと、ヘビを買いたいっていったときは例外。

　ずっとふたりきりで暮らしてきたから、ジミーはあたしに慣れて、あたしの気まぐれにもいちいち驚かなくなった気がする。でも、ベビーシッターのことだけは絶対にゆずらなかった。

Starr showed up on a mountain bike painted Day-Glo at our little house off Sunset. Jimmy took one look at her and closed the door in her face. He'd interviewed her on the phone, by fax and E-mail, but never in person. He couldn't believe the shaved-head and pierced-lip girl in the COOK THE RICH SLOWLY T-shirt was the Ph.D. in psychology he'd spent an entire lunch break interviewing.

　In the end, he opened the door again.

Sunset は Venice Beach とともに有名な地名です。off Sunset で「サンセット通りからちょっとはずれたところにある」。

He'd interviewed her の 'd もさっき出てきた had。つまり、過去の過去を表す過去完了形です。なので、最初に「あらかじめ、前もって」という言葉を補うと、わかりやすくなります。

COOK THE RICH SLOWLY に戸惑った人も多いと思いますが、そのまま訳してかまいません。「金持ちをゆっくりあぶり殺せ」くらいでしょうか。また cook には、アメリカのスラングで「電気椅子で処刑する」という意味もあります。

he'd spent an entire lunch break interviewing は「昼休みの時間を全部使って（電話などで）話をきいた」。

試 訳

スターは蛍光色に塗ったマウンテンバイクに乗って、サンセット通りからちょっと外れたところにある、小さなわが家にやってきた。ジミーはスターの姿をひと目みるなり、相手の目の前でドアを閉めた。電話やファックスやメールではやりとりしてたけれど、直接会ったのははじめてだった。スキンヘッドで唇にピアスをして、「金持ちはゆっくり料理してやる」なんて書いてあるＴシャツを着た女性が、心理学の博士号を取っていて、昼休みを丸々費やして話をした相手だなんて信じられなかったのだ。

でも、結局、またドアを開けた。

本 文

Starr stepped in smiling and sat down cross-legged in front of Jimmy and listened to Basic Baby-sitter 411.

She kept smiling, and in the end Jimmy and her were talking about seventies funk bands, and that gave me a headache, but it kept Starr in the house.

By the time Jimmy backed down the drive, Starr and I were eating peanut butter off of spoons and listening to some reggae she had recorded at some club off the strip.

注

Basic Baby-sitter 411 ですが、これは曲ではありません。411 について、Wiki にこんな説明が載ってます。

4-1-1 is the telephone number for local directory assistance in Canada and the United States. Until the early 1980s, 4-1-1 and the related 1-1-3 calls were free in most states.

4-1-1 is commonly used in Canada and the United States as a slang word for "information" or "gossip". In the 1982 song "Jump to It" by American singer Aretha Franklin, for example, the lyric runs "We have a lot of fun, don't we, girl, dishin' out The dirt on everybody and givin' each other the 411".

give 411 on　A というと、「A について基本的なことを教える」という意味になります。つまりこれは、ベビーシッターの基本、みたいなことです。

backed down the drive の **the drive** は、「**私道**」。アメリカでは、道路から細い私道が家まで続いていることがよくあります。

映画やドラマでみた覚えがあるでしょう。この細い（いや、豪邸の場合は太いのですが）道が drive です。**back down は車を「バックさせる」**。つまり、ジミーは、家の前に（あるいは家の車庫に）置いてあった車に乗って、これから仕事に出かけるわけです。

some club off the strip は「**大通りを少し外れたどこかのクラブ**」。

　スターは笑顔で入ってきて、ジミーの前に足を組んで座り、ジミーの話す〈ベビーシッター心得　基礎編〉をきいてた。そのあいだもずっとにこにこして、ふと気がつくとジミーと七十年代のファンクバンドの話で盛り上がってた。こっちは頭が痛くなったけど、結局はそのおかげでスターはうちに来ることになった。

　ジミーが車に乗って私道から表の通りまでバックする頃には、あたしはスターとピーナッツバターをスプーンですくって食べながら、大通りからちょっと外れたどこかのクラブでスターが録音してきたレゲエを聴いてた。

May says that I wouldn't be having as bad a time as I'm having if I had just accepted Starr as a sitter and not some kind of mother-friend. May thinks that you shouldn't get too close to anybody. She has three stepfathers, two stepmothers, five half brothers, three half sisters, fifteen stepbrothers and sisters, and enough grandparents that she opens gifts all Christmas morning. I figure she doesn't have to make friends. She has relatives.

May could be right. But after a few days being with Starr, it was too late.

注

be having as bad a time as I'm having は、「あたしがいま感じてるみたいな悲しい思いをする」。

mother-friend は、「母親みたいな友だち、母親代わりの友だち」。

could be right は「正しいのかもしれない」。

試 訳

メイは、スターを母親代わりの友だちじゃなくて、ただのシッターと思っていれば、こんな思いはしなくてすんだのにっていう。だれとでも親しくなりすぎるのは危険だっていうのがメイの考え。メイには義理のお父さんが三人、義理のお母さんがふたり、半分だけ血のつながっている兄弟が五人、やっぱり半分血のつながった姉妹が三人と、血のつながってない兄弟姉妹が十五人、さらにおじいちゃんおばあちゃんも大勢いて、クリスマスプレゼントを開けるのに昼までかかる。確かにあれなら、友だちなんか必要ないかも。まわり中、家族と親戚ばかりなんだから。

メイのいうとおりかもしれない。でも、スターと何日か過ごしてしまった後では、もう手遅れだった。

本 文

I have some of Starr's bandannas. She used to wear them over her nose and mouth when she rode her bike. She said that the smog got to her. She had tons of them, all different colors and sizes. She never picked them to match what she was wearing. She picked them by how she felt when she got up and what she remembered about the day she bought them.

(Remembering. She got into it first.)

注

get to は「〔出来事・人などが肉体的または精神的に〕こたえる、しんどい」。ここは「スモッグが体に悪い」くらい。

by how she felt when she got up は、「起きたときの気分で決める」。

She got into it first. は、「彼女はそれを最初に考える」。つまり、スターにとって、記憶、思い出がとても大切なもの。

試 訳

スターからバンダナを何枚かもらった。スターはマウンテンバイクに乗るとき、いつもバンダナを鼻から下に巻いていた。排気ガスは体に悪いからって。バンダナは山ほど持っていて、色も大きさもいろいろだった。でも、その日の服に合わせたりなんてことは絶対にしなかった。朝起きた時の気分とそのバンダナを買った日の思い出で選んでいた。

（思い出。そう、スターはなにより思い出を大切にする。）

本 文

Once we were at an open café on the beach when Starr jumped over the wall and walked up to a man in a wool poncho reading tarot cards. I watched her as I drank my iced tea. She sat smacking on an avocado sandwich in a folding chair, nodding her head.

The man took her hand and started nodding back. He pointed out to the ocean, and, just then, Starr looked over at me and waved. I waved but felt so sad and didn't know why.

After that we'd run through the water in our clothes and got so soaked we stuck to the bus seats all the way home.

注

the wall ですが、「壁」は跳び越えられません。**英語の wall には壁という意味も塀という意味も**あって、どちらか、その時々で判断してください。

reading tarot cards は「タロットカードで占いをしている」。

we stuck to the bus seats は、「(びしょ濡れなので)、バスのシートに体がぺったりくっついている」。

試 訳

海岸のオープンカフェにいったときだった。スターは突然ひょいとフェンスを越えると、ウールのポンチョを着たタロット占いの男の人のほうへ歩いていった。あたしがアイスティーを飲みながらみてると、スターは折り畳み椅子にすわって、アボカドサンドをほおばりながら、相手のいうことをきいてうなずいてた。

男の人はスターの手をとり、うなずき返した。そして海のほうを指さした。そのとき、ふいにスターはあたしのほうを振り向いて手を振った。あたしも手を振りかえしたけど、悲しくなった。なぜだかはわからなかった。

それから、ふたりで服を着たまま海の中を走り回った。おかげで全身びしょぬれ。帰りのバスではぺったりシートにはりついたまま家まで帰った。

本　文

Last summer I saw Starr more than Jimmy. When I woke up in the morning, she was there. When I went to sleep at night, she was there.

Jimmy trusted her so much he just sort of started living in his office—which is what he would have done all the time if it hadn't been for me. I guess it was like May said; Starr became my mother-friend. She was what I needed, and I guess I was what she needed, too.

I knew it the day we went to visit her mama in the desert.

I got up early and Starr was standing in the kitchen fixing chocolate-chip pancakes. She'd started sleeping in the spare room and pretty much lived in our house by then. It worked for Jimmy—who was already gone for the day.

注

just sort of は、「まさに〜のような感じ」。

living in his office は、「会社で寝泊まりしてる（ような）」。

would have done all the time は、「ずっとそうしてただろう」（仮定法過去完了）。つまり、そうはしていないわけです。

if it hadn't been for me は仮定法で、簡単に書き換えれば、without me、つまり「あたしがいなかったら」。

knew it、「それがわかった」のは、荒地に住んでいる彼女のお

母さんに会いにいったとき。

　アメリカの desert はサハラ砂漠のようなところではなく、「**乾燥して、ちらほら雑草が生えているような荒地、荒野**」のことです。

　pretty much lived は、「**住んでいるも同然**」。

　It worked for Jimmy の work for は、「**役に立つ、プラスに働く**」という意味。It は、**スターがうちで暮らしているも同然になった**ことです。「**そのことは、ジミーにはありがたかった**」くらい。

　was already gone for the day は、「**とっくに（仕事に）出かけてた**」。

試　訳

　去年の夏は、ジミーよりスターといっしょの時間のほうが長かった。朝起きればスターがいたし、夜ベッドに入るときもスターがいた。

　ジミーはすっかりスターのことを信頼して、事務所にほとんど泊まりこんでいた。今までそうしてなかったのは、あたしのことがあったからだと思う。メイがいったとおりだ。あたしにとってスターは母親代わりの友だちになってた。あたしにはスターが必要で、たぶんスターもあたしが必要だったんだと思う。

　そのことに気づいたのは、荒野に住むスターのママにふたりで会いにいったときだ。

　その日、朝早く起きると、スターがキッチンでチョコチップのパンケーキを作ってた。そのころには、スターは空いている部屋に寝泊りするようになっていて、うちに住んでいるようなものだった。おかげでジミーは助かってたにちがいない。その日もとっくに仕事に出かけてた。

"You up already, Nic?"

I stubbed my toe on the old Formica table I'd talked Jimmy into buying at a used-furniture store off Van Nuys.

"Sort of, I guess." I rubbed my toe as I started to eat the pancakes Starr had put in front of me. She sat down across from me, sipping coffee and staring. She said, "Would you miss me if I went away? I don't mean right now ..."

I thought about it for a while, not because I didn't know the answer. I was just thinking of a way to put it. I mean I'm not like that, touchy-feely and always being honest about stuff like that. Jimmy raised me, for God's sake.

I chewed my pancakes until they had dissolved.

"I don't have to miss you," I said. "You're here."

注

Nic と、初めて主人公の愛称が出てきます。おそらく名前は Nicole でしょう。

Formica は、「フォーマイカ」(商標名)。

talked Jimmy into の talk into は、「ねだる、せがむ」。

Van Nuys は、ロサンゼルスの地名です。発音は調べましょう。

Sort of は「なんとなく、まあ」。

not like that は「〜とはちがう」。

stuff like that は「そういったこと」。

for God's sake は「まったく、本当に」というふうな意味ですが、前の Jimmy raised me と合わせて考えると、「まあ、ジミー

に育てられたんだから、しょうがないよね」というふうなニュアンス。「あたしを育てたのは、なんたってジミーなんだから」くらいでもいいでしょう。

I chewed my pancakes until they had dissolved. は「パンケーキがなくなるまで噛んでいた」と訳さないほうがいい。「噛んでいるうちに、パンケーキはなくなった」。

試 訳

「あらニック、もう起きたの？」

あたしは、思い切りテーブルにつま先をぶつけた。ヴァンナイズにある中古家具の店で、パパにねだって買ってもらった古い合成樹脂板のテーブルだ。

「まあ、なんとか」あたしはつま先をさすりながら、スターが目の前に置いてくれたパンケーキを食べはじめた。するとスターはあたしの正面に座って、コーヒーをすすりながらあたしをみつめた。

「わたしがいなくなったら、さみしい？　今すぐってわけじゃないけど……」

ちょっと考えてみた。だけど、答えはわかってた。ただ、どういえばいいのかわからなかった。あたしはベタベタした付き合いみたいのは苦手だし、なんでも思ってることを話せるタイプでもない。だって、あのジミーに育てられたんだから。

パンケーキを噛んでいたら、そのうち溶けてなくなった。

「さみしくなんかないよ。だって、スターはここにいるもん」

本 文

"Yeah, I know that, but people do go. They go on and

sometimes they even go back. I just wanted to know if you'd have a hard time with the going."

"I really don't know 'cause I haven't had too many people go away from me, except my mom, and I don't even remember her. I guess that doesn't count. I don't know—?"

Starr started laughing and drank more coffee.

"It's okay. It's no big deal. I just wondered about it."

Starr played with her lip ring and got up from the table. She winked at me and started washing up the dishes. Two hours later we were barreling toward the desert, and I'd forgotten what we'd talked about.

注

people do go の **do は強調**。「人はいなくなるもの」。

have a hard time は「つらい思いをする」。

that doesn't count は、「ママのことはほとんど覚えていないから、数に入らない」という意味。

It's no big deal. は、「たいしたことじゃない」。

I just wondered about it. は、「どうかなと思っただけ」。

got up from the table は意味はすぐにわかるのですが、訳すときに迷ったりしませんか？ 「**テーブルの前から立ち上がる**」でも「**椅子から立ち上がる**」でも、どちらでもいいと思います。

barreling は「**全速力で走る、猛スピードで向かう**」。たぶん、バスでしょう。あとのほうで、ロサンゼルスへの帰りのバスで……という描写が出てきます。

「そうね。だけど、人っていなくなるものでしょ。いなくなって
それきりってこともあるし、ときにはもどってくることもあるし。
もし、お別れすることになったら、つらいかなって。ただそれが
知りたかった」

「わかんないよ、そんなの。だって、お別れした人なんて、そん
なにいないし。ママくらいかな。でも、ママのことはそんなに覚
えてない。だから、数には入らないよ。よくわかんない」

　スターは笑いだして、またコーヒーをすすった。

「いいのいいの。大したことじゃないから。ただちょっと、どう
かなって思っただけ」

　スターは唇のピアスをいじって、椅子から立ちあがった。そし
てウィンクすると、食器を洗いはじめた。二時間後、あたしたち
は猛スピードで荒野に向かってた。あたしは、朝話したことなん
て、すっかり忘れてた。

May told me I don't pay enough attention to things. She
said I'm not the kind of person who always has toilet
paper trailing behind me, but I don't notice if somebody
else does.

I loved the desert and Starr's parents. They were old
hippies who made ceramics and had posters of Malcolm
X and Margaret Sanger on their walls, and hadn't touched
meat in thirty years.

They loved Starr and never said one thing about the way
she looked. She was thirty-two and a baby-sitter. I knew

from the way my friends' parents talked about their kids, Starr would have had a bad time in their homes.

注

... I'm not the kind of person who always has toilet paper trailing behind me, but I don't notice if somebody else does. はその前の、メイにいわれたこと、つまり「**あたしが注意力散漫**」ということを受けています。

old hippies は「年取ったヒッピー」と訳して間違いではないのですが、「**昔ヒッピーで**」くらいがニュアンスとしては近いかも。

Malcolm X and Margaret Sanger ですが、どちらもちゃんと注をつけましょう。翻訳というのは、基本的に「**この作品を読む年代の日本人はちょっと知らないなあ**」という言葉には注をつけるか、訳文で説明を付加するものです。たとえば、「『**想像力は死んだ。想像せよ**』というのは、ベケットの有名な言葉だ」という文があったとすると、今時の人はもうベケットといっても知らない人がほとんどなので、「**ベケット（訳注　二〇世紀、アイルランド出身の作家、劇作家。ノーベル文学賞受賞）**」というふうにします。あるいは訳注をつける代わりに、こんなふうに訳すこともあります。「『**想像力は死んだ。想像せよ**』というのは、二〇世紀、アイルランド出身のノーベル文学賞受賞作家ベケットの有名な言葉だ」。どちらにするかは、作品によりけりです。もちろん、ベケットを知らないようなやつはこの本を読むな、という手の本なら、注なしでOKです。

the way she looked は、「**みた目、格好**」です。唇にピアスをして、バンダナを巻いて、といった格好のことです。このあと、「（そのうえ）32歳でベビーシッターをしている」けど、両親はそれに

関しても何もいわない。

I knew from the way my friends' parents talked about their kids, Starr would have had a bad time in their homes. の前半はそう難しくありません。「**あたしは友だちの親が子どものことを話すのをきいて知っている**」。そのあとの Starr would have had a bad time in their homes の would は**仮定法の would** です。「**もしスターが、彼ら（友だちの親）のもとにいたら（つまり、彼らの子どもだったら）、つらい思いをしただろう**」。しかし実際には、スターの両親は理解があったから、スターはつらい思いをしなかった、ということです。

試 訳

　メイは、あたしは注意がたりないっていう。いつもトイレットペーパーを引きずってるタイプとはいわないけど、ほかの人が引きずってても、気がつかないタイプだって。

　荒野もスターのパパもママも最高だった。ふたりは昔ヒッピーで、今は陶器を作ってて、壁には六〇年代の過激な公民権運動家マルコムXと、産児制限運動の創始者マーガレット・サンガーのポスターが貼ってある。そしてここ三十年間、肉を口にしたことがない。

　ふたりはスターが大好きで、スターがどんな格好をしててもなにもいわない。三十二歳でベビーシッターをしてるっていうのに。友だちの親が子どものことを話しているのを聞いてると、もしスターがあの人たちの家に生まれてたら、ずいぶん嫌な思いをしてただろうなって思う。

All Starr's parents did was hug her a lot, feed me too many organic vegetables, and talk about the sixties. They showed me pictures of Starr when they lived on a commune, and pictures of them at some concert. They both had big Afros and were hugging.

Starr looked at them and smiled.

I got that sad feeling and couldn't shake it. I remember thinking I was probably just missing Jimmy.

On the way back to LA I fell asleep lying across Starr. I fell asleep to her singing a song I remembered my grandmama singing to me. It was just a song, but it made me feel warm and safe. The bus drove into the sunset.

　　両親は 60 年代、ヒッピーで、いまでもベジタリアンで、荒野で暮らしているわけですから、ここに出てくる commune も、ただの「共同体」ではありません。調べてみてください。

　　I remember thinking I was probably just missing Jimmy. は後半から考えましょう。missing はこの場合、父親のことなので、「恋しい」というよりは「会いたい」でしょう。その前の just は強調。「会いたくてたまらない」。

　　lying across Starr は、スターに寄りかかっているのかもしれませんし、膝の上に寝ているのかもしれません。

　　just a song の just は、「ただの」。

スターのパパとママは、スターをうんと抱きしめて、あたしに有機野菜をいやっていうほど食べさせて、六〇年代の若かった頃の話をしてくれた。コミューン（注：ヒッピーの生活共同体）にいた頃のスターの写真や、ライブにいった時の写真もみせてくれた。ふたりともすごいアフロヘアで、抱きあってた。

スターはふたりをみて、にこっとした。

それをみてたら、また悲しくなってきて、どうしようもなくなった。あのときはジミーに会いたくなったんだって思ってた。

ロサンゼルスに帰る途中、あたしはスターの膝の上に横になって眠ってしまった。スターが歌ってたのは、おばあちゃんが歌ってくれたのと同じ歌だ。なんてことない歌なのに、なんだか心が暖かくなって落ち着いた。バスは、夕日に向かって走りつづけた。

本 文

By the end of the summer I'd grown two inches and was just about sick of pineapples. Jimmy got a promotion, and May got her braces off and started hanging out with some guy who wanted to be a rapper. Every time you saw him, he had a Snapple in his hand. Starr told May this guy was as hyper as he was because of all the sugar.

May says I always take too long to finish a story, and maybe that's true. It's okay. I don't think people talk all that much to each other anymore. I know they talk *at* each other—all you have to do is watch those talk shows. Starr wouldn't let me watch them. She said that it was porno for the stupid and bored.

as hyper as he was は、「あんなふうにテンションが高い」。

the sugar は、「スナップル、その他の糖分」のことでしょう。

take too long to finish a story を簡単に訳すと、「話が長い」。

It's okay. は、「それ(話が長い)のはかまわない」。

I don't think people talk all that much to each other anymore. で重要なのは、talk to each other と talk at each other の違いです。つまり、主人公は、みんなはもう talk to each other しなくなって、talk at each other ばかりするようになったと考えているわけです。このあとの部分が、その例になっています。

all you have to do is watch those talk shows は「(だったら)、〜すればそれで十分」。all you have to do(you は一般人称の you)は、「すべきこと」。テレビのトークショーをみれば、それで十分。

porno for the stupid and bored は、「愚かで退屈している人たちのためのポルノ」。the ＋形容詞＝人。ポルノというのは、この場合、単に欲望を満たすためのもの、というふうな意味です。

　夏の終わりには、背が五センチ近く伸びて、パイナップルにはうんざりしてた。ジミーは昇進した。メイは歯の矯正具をつけなくてよくなると、ラッパー志望の男の子と出かけるようになった。いつもスナップル(清涼飲料水)を持ってる子だ。スターはメイに、あの子のテンションが高いのは甘い物ばかり飲んでるせいよ、といってた。

　メイは、あたしの話はいつも長いっていう。そうかもしれな

い。でも別にいい。最近はみんな、じっくり話し合ったりしない。一方的にいいたいことをしゃべりまくるだけ。テレビのトークショーをみればよくわかる。スターはそういう番組はみせてくれなかった。あんなのは退屈しているバカのみるポルノよって。

本　文

Anyway, summer was almost over and Jimmy was starting to be home more. I guess that's what he got out of the promotion. Starr had started to spend most of the day looking out the window at the road. Sometimes she'd count the number of Porsches that went by, other days it was Mercedes or Jeeps.

　Some days she'd just look out the window and keep repeating every half hour or so that summer was gone. That would depress me and make me feel lonely. I didn't know why.

注

　that's what he got out of the promotion の what は関係代名詞。「ジミーが昇進したことから得たもの」という意味。つまり、少しえらくなったから、それまでよりはうちにいられるようになった、ということです。

　That は「そんな彼女の様子」。

試　訳

　とにかくそんな風にして夏は終わりに近づき、ジミーは前より家にいるようになった。それが昇進するってことらしい。スター

は、一日中窓から通りをみて過ごすようになった。通りを走るポルシェの台数を数えてることもあったし、メルセデスやジープを数えてることもあった。

　ただぼうっと窓の外を眺めて、三十分ごとに、夏も終わりね、と繰り返していることもあった。そういわれると、あたしも気がめいってさみしくなった。なぜかわからなかったけど。

本　文

Jimmy says even though he knew, maybe he should have been on it a little more.

The last morning Starr pulled up to the door on her mountain bike, she was wearing hair. Simple hair. Not purple, spiked, or any style I'd have expected from Starr. She wore a wig pinned up in a bun. The lip ring was gone, and she was wearing what Jimmy calls adult clothes. She walked in the door and held me. Jimmy took one look at her and left.

It's funny when you see people with bald heads. Most of us think fashion. I guess at fourteen you shouldn't be thinking cancer and dying. Dying and cancer.

She'd told Jimmy on the phone the first time she'd talked to him that she was sick. She told him she needed to be needed.

Jimmy cries when he tells me he hadn't wanted to be needed so much by me.

Jimmy says even though he knew, maybe he should have been on it a little more. ですが、says と現在形が使われていることに注意。「ジミーはいまでも、こういう」ということ。

even though he knew を「（スターが癌だということは）知ってはいたものの」と訳したくなりますが、ここは「（**スターが癌だということを**）知ってたんだから」と訳したほうが次につながりやすいと思います。

on it は「**それにかかわる**」。it は、**状況、状態**を表しています。つまり、ジミーは、何か少しくらいはできたのかもしれないと後悔しているわけです。

pulled up to は「**車やバイクや自転車を乗り付ける**」。この場合は、スターが自転車で玄関前までやってきた、ということ。

funny は訳しづらいですね。スキンヘッドの人をみたら、「**へえ？**」と思う、というふうな意味。つまり、目を引くということでしょう。

sick はここでは「**癌**」と訳していいと思います。

Jimmy cries は**現在形**に注意。

he hadn't wanted to be needed so much by me は、「**自分さえ、あれほどおまえに必要とされたいと思ったことはなかった**」。つまり、スターはそれほど切実に「おまえ」に必要とされたいと思ってた、ということ。

事情は知ってたんだから、もう少しなんとかすべきだったのかもしれない、ジミーは今でもそういう。

最後にマウンテンバイクでうちの玄関に乗りつけたとき、ス

ターはカツラをつけてた。ふつうのカツラ。紫でもなければ、爆弾頭でもない。スターにはあり得ない髪型だった。髪を一つにまとめて、後ろで留めてた。唇のピアスは消えて、ジミーのいう「落ち着いた服」を着てた。スターは入ってくるなりあたしを抱きしめた。ジミーはそんなスターをちらりとみると、いなくなった。

　スキンヘッドの人をみると、たいていの人は、へえ、と思う。そしてファッションだろうって思う。特に十四歳だと、スキンヘッドをみてすぐに、癌とか死とか考えない。癌とか死ぬとか。

　スターははじめて電話でジミーと話した時に、自分の病気のことを話して、こういったらしい。わたしを必要としてくれる人が必要なんです。

　ジミーは涙ぐんで、こういった。パパだって、あそこまでおまえに必要とされたいと思ったことはなかった。

本　文

Starr and me rode the bus to the beach and walked along the water until both our stomachs started growling. We sucked down bean and chicken burritos till we couldn't move. Then we watched the show go by.

I looked at Starr in her adult clothes and wig.

"What did the tarot reader tell you in June?"

Starr sipped her iced tea and grinned at a man on inlines with a monkey on his head. She loved Venice Beach.

"He told me I'd recently had a life-altering experience."

Then she pulled off her wig at the table and threw it to a waiter.

最初の段落は「ひっくり返さない」（093 ページ）で詳しく説明したので省略します。

inlines は、inline ではなく、inlines で調べること。ネットで調べてみてください。それでも「？」という人は、**画像検索する**とすぐにわかると思います。

I'd recently had a life-altering experience は**過去完了形**で書かれています。

あたしはスターとバスでビーチに行って、波打ち際を歩き続けた。そのうちお腹がぐうぐう鳴り出して、チキンと豆のブリトーを食べてるうちに、動くのが面倒になってきた。それで、目の前を通り過ぎていくいろんな人たちを見物した。

あたしは、「落ち着いた」服を着てカツラをかぶったスターをじっとみた。

「六月、あのタロット占いのおじさんになんていわれたの」

スターはアイスティーをすすると、猿を頭の上に乗っけてローラーブレードで走ってる男の人に向かってにやりと笑った。スターはヴェニスビーチが大好きだった。

「最近、人生が変わってしまうような経験をしただろうって」

そして、座ったままカツラを取ると、ウェイターに放り投げた。

Jimmy bought me this bike for my fifteenth birthday, and two days later I painted it Day-Glo orange. He doesn't really like orange bubble-gum ices, but he'll choke one down for me. He says I've really grown up in the last year and it looks like I won't be needing a baby-sitter this summer.

I helped Jimmy straighten his tie. Then I shook my head slowly, even though I knew he was right.

試 訳

　十五歳の誕生日、ジミーがこのマウンテンバイクを買ってくれた。二日後、あたしはそれを蛍光色のオレンジに塗った。ジミーはほんとうはオレンジバブルガム・アイスなんか嫌いだけど、あたしのためならひとつくらい無理して食べてくれると思う。ジミーはこういった。おまえもこの一年でだいぶ成長したから、今年の夏はベビーシッターはいらないだろう、って。

　あたしは、ジミーのネクタイを直して、ゆっくりと首を横に振った。その通りだってわかってたけど。

　作者のアンジェラ・ジョンソンを知らない人のために、少し書いておきます。

　アンジェラ・ジョンソンは黒人作家です。そして、この作品の登場人物も、おそらく全員黒人です。

　白人だと思って読んできた人も多いのではないでしょうか。

　ここで問題です。白人だと思って訳した場合と、黒人だと思って訳した場合、訳文に違いが出るのでしょうか。また、白人だと思って訳した場合、それは「誤訳」になるのでしょうか。

　また、この作品ですが、いまのアメリカ人が読むと、たぶん、黒人だとわかると思います。しかし一般の日本人が読むと、白人だと思って読む人のほうが圧倒的に多いでしょう。だとすると、

「あとがき」かどこかで、これは黒人作家による黒人が主人公の作品なのだと断るべきなのでしょうか。あるいは、作者の紹介のところに「黒人作家」と書くべきなのでしょうか。また、50 年後、100 年後のアメリカ人にはこの作品の登場人物が黒人だとはわからなくなっているかもしれません。そのとき、これを日本語に訳す人は、どんなスタンスで訳せばいいのでしょう。

　たとえば、**I'm not an African-American. I'm an American.** と主張している黒人作家の場合は、どうでしょう。

　それとも、翻訳家は、そんなことを考える必要はないのでしょうか。

　これについてはまだ書きたいことがあるのですが、ここではこのくらいにしておきます。

　ぜひ、ゆっくり考えてみてください。

あとがき

　本書は「通訳・翻訳ジャーナル」（イカロス出版）に 2018 年から 2 年間、8 回にわたって連載した原稿がもとになっています。原稿を依頼し、編集をしてくださった松山悠達さん、後半の編集を担当してくださった渡邉絵里子さん、ありがとうございます。

　それから、翻訳の入門書を出しませんかと声をかけて、本書の編集をしてくださった研究社の金子靖さん、また、原稿に目を通して有益なコメントをくださった翻訳者の稲垣みどりさん、大変お世話になりました。

　また、「おばあちゃんの話」（p. 025）、「首を脇にかかえて」（p. 114）、「スター」（p. 147）に関しては、圷香織さん、井上里さん、冨永星さんに感謝を。

　それから本文中に名前は出しませんでしたが、翻訳仲間や、ぼくが担当した翻訳講座の受講生のみなさんからは、ユニークな失敗談や誤訳例、珍しい事例や新しい情報をたくさん教えていただきました。名前を列記すると 1 ページ以上になりそうなので、省かせていただきますが、これからもよろしく！

2021 年 8 月 31 日

金原瑞人

【著者紹介】

かねはら　みずひと
金原 瑞人

1954年岡山県生まれ。法政大学教授。翻訳家。1980年代後半より新聞、雑誌などでヤングアダルト（YA）向けの書評を執筆。

訳書に『不思議を売る男』（偕成社）、『バーティミアス』（静山社文庫）、『青空のむこう』（求龍堂）、『ブラッカムの爆撃機』『さよならを待つふたりのために』（岩波書店）、『パーシー・ジャクソンとオリンポスの神々』（ほるぷ出版）、『国のない男』（中公文庫）、『月と六ペンス』『このサンドイッチ、マヨネーズ忘れてる／ハプワース16、1924年』（新潮文庫）、『リンドバーグ　空飛ぶネズミの大冒険』（ブロンズ新社）、『文学効能事典　あなたの悩みに効く小説』（フィルムアート社）などもうすぐ600冊。日本の古典の翻案に『仮名手本忠臣蔵』（偕成社）、『雨月物語』（岩崎書店）など。

エッセイ集に『サリンジャーに、マティーニを教わった』（潮出版社）など。ブックガイドの監修に『今すぐ読みたい！　10代のための YA ブックガイド150！』（ポプラ社）、『金原瑞人［監修］による12歳からの読書案内 多感な時期に読みたい100冊』（すばる舎）、『13歳からの絵本ガイド YA のための100冊』（西村書店）などがある。

http://www.kanehara.jp/

翻訳エクササイズ

||||||||||||||||||||||||||||||||||||||||||||||||||||||||||||||||||||||||||||||||

● 2021 年 10 月 29 日　初版発行

●著者●
金原 瑞人

Copyright © 2021 by Muzuhito Kanehara

発行者　●　吉田尚志
発行所　●　株式会社　研究社
〒 102-8152　東京都千代田区富士見 2-11-3
電話　営業 03-3288-7777（代）　編集 03-3288-7711（代）
振替　00150-9-26710
https://www.kenkyusha.co.jp/

KENKYUSHA

装丁・組版・レイアウト　●　古正佳緒里（渾天堂）
印刷所　●　研究社印刷株式会社
ISBN 978-4-327-45302-2 C1082　　Printed in Japan